충청도
커뮤니케이션

언론 · 정치 · 말 · 노래 · 사람

충청도 커뮤니케이션

언론 · 정치 · 말 · 노래 · 사람

지은이 충청언론학회
발행일 2023년 12월 31일 **발행인** 이진숙
펴낸곳 충남대학교출판문화원 **주소** 대전광역시 유성구 대학로 99
전화 042-821-6045 **홈페이지** http://www.cnupress.co.kr **E-mail** cnupress@cnu.ac.kr

ISBN 979-11-6503-267-8 03300
정가 15,000원

이 책은 'TJB 문화재단'의 지원으로 만들었습니다.

충청도 커뮤니케이션

언론 · 정치 · 말 · 노래 · 사람

충청언론학회

충남대학교출판문화원

사람은 때로 우주로 표현되기도 한다. 우주는 인간의 보잘것없음을 비교하는 대상으로 등장하기도 하고 때로는 인간의 무한한 가능성으로 비교하기도 한다. 지역도 그렇다. 인터넷으로 전 세계가 하나의 마을을 형성한다는 이상적 세상을 꿈꾸던 인류는 코로나라는 터널을 다 함께 건너는 공통의 경험을 얻었다. 이를 계기로 지구인 모두는 서로 얼마나 긴밀하게 연결되어 있는지 알게 되었다. 전 세계가 지구촌을 이룬 인터넷 시대에도 내 이웃의 안녕은 소중하며, 이웃의 안녕이 곧 지구인의 안녕과 같다는 것을 확인하는 기간을 거쳐 왔다.

코로나라는 공통의 경험은 지구촌 사람들인 우리의 시선이 미래를 향하면서도 현재 우리의 몸이 있는 곳에서 활동이 이어질 수밖에 없다는 성찰도 하게 하였다. 그 선물은 가까운 이웃이 일상에서 중요한 가치로 재발견하게 한 것이리라. 따라서 사람들은 우리의 일상과 삶의 대안을 마련하는 일에 지역의 가치도 함께 성찰하는 일이 더욱 소중하며 이에 대해 시선을 안으로 향하는 계기로도 작용하고 있다고 믿고 싶다. 그러므로 충청도 커뮤니케이션이 큰 주제로 떠올려진 것은 우연이 아니다.

"충청도 사람은 양반이다."

"충청도 말은 느리다."

"충청도는 멍청도다."

"충청도는 청풍명월의 고장이다."

충청지역 그리고 충청도 사람과 관련하여서는, 비교적 다양한 표현들이 있다. 상황에 따라 뉘앙스도 다르다. 그러면 이러한 표현들은 충청도와 충청도 사람들을 제대로 말하고 있는가, 충청의 지역적 정체성은 무엇인가, 정체성이라 할 공통점이 있기는 한 것일까, 하는 의문을 품게 된다.

지역마다 지역색이 있다. 그것이 지나쳐 서로를 통할 수 없는 대상으로 만들고, 때로는 정치적으로 이용하기까지 한다. 서울 공화국이라는 말이 왜 나왔을까를 생각하는 것만큼 지역이 지역다운 위상을 갖기 위한 질문들도 왜곡되기 쉽다. 왜곡된다는 것은 그만큼 다른 표현 양식 안에 각자의 삶이 다르며, 그에 맞는 다른 해석의 여지를 남긴다.

충청도는 충주와 청주를 포괄하는 행정구역 명칭이다. 이 지명에는 '사람과 문화, 삶의 소통양식'이 들어있다. 단순한 지역 경계를 넘어 그 지역에 있는 모든 것이 그 안에 들어있다. 충청언론학회 역시 한국지역언론학회를 이루는 회원지역이기도 하지만, 충청지역을 대표하는 언론학회만큼 전체를 이루는 하나로서 고유한 영역을 포괄한다. 그렇게 10여 년을 이어왔다. 2023년 1월 충청언론학회 제10대 집행부가 출범하면서 충청과 충청도 커뮤니케이션을 전체적으로 짚어보자는 의견이 모아졌다.

상반기와 하반기 1, 2차 세미나를 거치면서 '단행본출판위원회'가 꾸려졌다. 애초에 상반기 정기학술대회는 내 · 외부 참석자를 통해 기존 학회 세미나와는 다르게 지역의 여러 분야에서 발견할 수 있는 커뮤니케이션 차원에서 접점을 찾아 드러내기 위해 힘을 썼다. 세미나에 참여한 발표자와 토론자들로부터 학회가 재미있다는 평가도 받았다. 이를 계기로 세미나 발표 내용을 중심으로 단행본 출판으로 발전시키고자 하는 의지가 모아졌다. 충남대학교 김재영 교수를 출판준비위원장으로 모시면서 본격적인 출판준비 작업이 진행되어 하나의 책으로 묶일 수 있었다.

〈충청도 커뮤니케이션〉은 우리의 몸과 마음이 머물고 있는 곳을 바라보는 창으로 동서남북을 조망하고자 하였다. 그러기 위해서는 미디어나 언론에만 집중하지 않는 삶에 대한 열린 태도가 필요했다. 지역과 지역 사람이 향유 하는 삶의 표현인 커뮤니케이션 현상을 한마디로 정의할 수는 없기 때문이다. 다양성(diversity)을 추구하는 이 시대의 화두와도 만나야 했다.

충청도 커뮤니케이션을 종과 횡으로 들여다보자는 의미에서 대 주제를 〈충청도 커뮤니케이션〉으로 정했다. 학계 4명(충남대학교 이윤복, 목원대학교 최혜진, 배재대학교 이재현, 대구대학교 임동욱), 현업 2명(옥천신문 황민호, 모두를 위한 경제 박창호)과 대전세종연구원 1명(지역학연구센터 한상헌)으로 집필진을 꾸렸다. 각 집필진의 주제는 다양하다. 전통문화연구의 한 갈래로 지역의 판소리인 중고제 판소리 연구자부터, 지역학 및 대중문화연구자, 언론과 언론역사에 관심이 있는 미디어학자, 정치학자, 경제영역에서 연구 대상이 되고 있는 성심당의 커뮤니케이션 현상을 짚어보는 내용에 이르기까지 기존의 커뮤니케이션 학회에서 한 자리에 만나기 어려웠던 영역과 커뮤니케이션 현상을 다양하게 담는 방향으로 확대되었다. 최종적으로 사회학적 관점에서 김종남 박사가 합류하여 단행본의 메뉴가 풍성하고 깊이가 더해졌다. 충청언론학회 집행부 선생님들, 그리고 곁에서 지원해준 단행본 출판위원회 김재영 위원장님, 집필진 모두에게도 감사드린다. 그분들의 헌신이 있어서 가능하였다. 거듭 감사의 인사를 전하고 싶다.

충청언론학회 회장
최순희(배재대 교수)

여는 말 _ 기록의 기록

신박한 책이다. 네트워크 연결성이 고도화하면서 정작 우리가 삶을 영위하는 물리적 공간의 역사성을 새삼 환기해 주었기 때문이다. 그리고 소중하다. 우리가 어디서 왔는지를 곱씹고 깨닫게 한 덕분이다. 덧붙여 우리가 성장하며 진화한 소중한 맥락과 현상을 톺아보게 한 기록의 힘을 새삼 절감케 한다.

〈충청도 커뮤니케이션〉은 과거와 현재를 두루 망라한다. 언론, 정치, 말, 노래, 사람은 소재이자 우리의 얼굴이기도 하다. 어중간한 언어의 실체와 연원부터 예의와 체면을 중시하는 양반문화와 반골 기질, 심지어 선뜻 설명하기 까다로운 고맥락의 '의뭉스러움'에 대한 해석조차 피하지 않는 정공법을 선택했다. 동시에 어느 주제 하나 허투루 다루지 않았다.

'충청'과 '커뮤니케이션'이란 두 키워드를 매개로 한 권의 책에 다양한 주제와 소재를 포괄하는 건 자칫 논점을 분산시키기 쉽다. 그래서인지 1부와 2부로 나누어 시대적 배경을 달리한, 각기 다른 주제의 릴레이를 펼쳤다.

1부 '역사성'에서는 과거 항일투쟁과 민주 언론의 씨앗을 뿌린 인물들에 비교적 긴 호흡으로 천착했다. 이어 대한민국 정치 지형의 바로미터라 불리는 충청 지역의 역대 국회의원 선거별 특징과 슬로건을 분석하고 어중간하기 짝이 없는 충청 지역 언어의 지정학적, 나아가 정치적 특징을 생생하게 묘사한 글을 담았다. 판소리로 불리기 위해 만들어진 서사물을 매개로 충청 지역의 정서를 헤아린 글도 빼놓지 않았다.

2부 '현재성'은 바로 지금 도드라지게 회자하는, 흥미롭고 다채로운 현상을 조명했다. '보살' 팬이라 불리는 충청권 스포츠 팬의 애환을 지역정체성 형성과 연계한 글부터 선한 영향력을 발휘하면서도 높은 기업적 가치를 유지하는 성심당 소통의 요체, 그리고 대전 시민이 직접 참여해 제작·송출하는 대안 미디어인 대덕밸리라디오까지 포괄했다.

한 권의 책에 정치부터 언론, 미디어, 문화, 예술, 스포츠, 그리고 사람까지 총망라한 경우는 보기 드물다. 〈충청도 커뮤니케이션〉의 발간으로 우리가 어디서 왔는가를 조금이나마 더 잘 알고 깨닫는 계기가 되길 기대한다. 그러면 분명 우리가 가고 싶은 곳으로 좀 더 자유롭게 갈 수 있기 때문이다.

충청언론학회 출판준비위원장

김재영(충남대 교수)

목차

1부 역사성

2부 현재성

01

식민지 시기 충청 출신 언론인, 언론 활동의 특징

이상재, 이승복, 이관구, 그리고 이훈구 등 조선일보 임원을 지낸 인물을 중심으로

01

식민지 시기 충청 출신 언론인, 언론 활동의 특징

이상재, 이승복, 이관구, 그리고 이훈구 등 조선일보 임원을 지낸 인물을 중심으로[1]

이윤복(충남대학교)

1. 머리말

근현대 시기 한국에서는 크게 세 시기, 즉 19세기 후반의 개항기, 1895~1905년 무렵의 대내외 정치 환경의 격변기, 그리고 식민지 시기인 1920년대에 여러 신문이 많이 나타난다.

즉 19세기 후반의 개항기에는 한성순보/주보, 그리고 독립신문이 출현하고, 민비시해가 발생한 1895년부터 을사보호조약이 체결되는 1905년 무렵까지의 대내외 정치 환경의 격변기에는 매일신문, 제국신문, 황성신문, 그리고 대한매일신보가 나타나며, 식민지 시기인 1920

1 이 글은 2023년 하반기 충청언론학회 학술대회(충남대)에서 발표한 초고를 수정 보완한 것입니다.

년대에는 조선일보, 동아일보, 시사신문, 그리고 시대일보 등이 차례로 창간된다.

이러한 가운데 19세기 후반의 개항기, 1895~1905년 무렵의 대내외 정치 환경의 격변기에 나타난 신문은 도중에 모두 사라지고 지금까지 이어지지 않는다. 이에 비해 식민지 시기인 1920년대에 나타난 조선일보, 동아일보는 식민지 말기에 일시적으로 폐간된 적이 있으나, 이를 제외하면 계속해서 간행이 중단된 적이 없이 현재까지 이어져 왔다. 더구나 이러한 조선일보, 동아일보는 오랜 동안 그 발행 부수가 국내 수위를 점하고 있어서, 그 영향력이 매우 크다고 볼 수 있다.

이러한 조선일보, 동아일보 가운데 특히 조선일보의 경우, 식민지 시기에 충청 출신 혹은 충청과 관련이 깊은 사람 다수가 이 신문의 임원이 되어 활발하게 활동한다. 이상재(李商在, 1850~1927), 이승복(李昇馥, 1895~1978), 이관구(李寬求, 1898~1991), 그리고 이훈구(李勳求, 1896~1961)가 바로 그들이다.

이상재는 친일 자본을 기반으로 창간된 조선일보의 판권이 민족자본으로 넘어가는 1924년에 사장이 되어 중요한 역할을 하게 되고, 이승복과 이관구는 1927년 신간회가 설립되던 무렵에 먼저 이승복이 이사 겸 영업국장, 그리고 이관구는 논설위원회 주간 겸 정경부장(政經部長)이 되어 활약을 하게 된다. 그리고 이훈구는 주로 1938년 1월에 주필 그리고 1940년 1월에 주필 겸 부사장이 되어, 조선일보가 1940년 8월 10일에 강제 폐간될 때까지 중요한 역할을 하게 된다.

그리고 우연히도 이들은 모두가 충청에 그 연원을 두는 한산이씨(韓山李氏)이기도 한데, 이들은 어떻게 조선일보에서 일을 하게 되는가?

그리고 식민지 시기 이들의 조선일보를 통한 언론 활동의 특징은 무엇인가? 등의 궁금증이 생긴다. 그간 이들 각각의 언론 활동에 관한 연구는 적지 않게 이루어져 왔으나, 아직 이들의 언론 활동을 종합적으로 검토한 바는 없는 것으로 보인다. 그래서 이 글에서는 이들 서로 간의 상호 관계도 고려하여, 이에 대해 한번 살펴보고자 한다.

앞에서 한산이씨(韓山李氏)는 충청에 그 연원을 둔다고 하였는데, 한산(韓山)은 한산모시로 유명한 지금의 충남 서천에 해당한다. 지금의 서천군(舒川郡)은 1914년 4월에 종래의 서천군, 한산군(韓山郡), 그리고 비인군(庇仁郡)이 통합되어 만들어진 것이다. 그리고 이전의 한산군은 지금의 서천군 안에 한산면(韓山面)이라는 형태로 종래의 흔적이 남아 있다.

이러한 한산이씨의 경우, 여말 선초의 목은(牧隱) 이색(李穡, 1328~1396)이 상당히 유명하다. 이색은 원나라 문과(文科) 과거시험의 최종 단계인 전시(殿試)에서 차석으로 합격한 적이 있다. 신라 시대 때 최치원도 당나라 과거에 합격한 적이 있으나, 이것은 외국인만을 대상으로 한 시험에서 합격한 것이었다. 하지만 이색의 경우는 모든 원나라 사람이 응시하는 과거시험, 그것도 황제가 친림(親臨)하는 최종 단계의 과거시험에서 차석으로 합격했는데, 이는 우리나라 역사에서 유일한 경우에 해당한다.

이러한 이색은 공민왕 시기에 중수된 성균관의 초대 대사성(大司成)에 임명되어, 그의 문하(門下)에서는 고려 왕조에 충절을 지킨 정몽주, 길재, 이숭인 등과 더불어 조선왕조 창업에 공헌한 정도전, 하륜, 윤소종, 권근 등도 배출된다. 그리고 이색, 정몽주, 길재의 학문을 계승한 김종직, 변계량 등은 조선 왕조 초기 성리학의 주류를 이루게 된다.

2. 이상재: 구한말~식민지 시기, 대표적 민권운동가이자 사회운동가

1) 1867년 박정양과의 운명적 만남과 민권 운동 사상가로의 성장

월남 이상재는 1850년 (철종 1) 11월 21일(음력 10월 26일)에 충남 서천군 한산면 종지리에서 한산이씨(韓山李氏)인 이희택(李羲宅)과 밀양박씨의 장남으로 태어난다.

그때까지 고향에서 한학을 수학하던 이상재는 18세 되던 1867년에 죽천 박정양(朴定陽, 1841~1904)의 문하생이 된다. 이때 이상재는 박정양의 개인 비서 역할도 겸하게 되어, 박정양을 매개로 하여 다양한 경험을 하게 된다. 무엇보다도 32세가 되던 1881년 4월에 어윤중, 홍영식, 박정양 등이 이끄는 대규모 신사유람단의 수행원이 되어 약 70일 동안 일본의 개화상을 시찰한 후 귀국하여 보고서를 작성하게 된다.

또한 38세가 되던 1887년에, 초대 주미 공사로 임명된 박정양의 수행 비서(이등 서기관)가 되어 미국으로 건너가 1년 정도 외교 활동을 하게 된다. 당시 청나라 공사는 박정양이 국서를 단독으로 미국 대통령에게 전달하는 것을 방해하였는데, 이상재는 청나라 공사와 단판을 벌여 박정양으로 하여금 단독으로 국서를 미국 대통령에게 전달하게 한다.

1년 만에 미국에서 귀국한 뒤, 이상재는 청나라 정부의 압력으로 관직에서 물러나게 되나, 주한 외교관 및 선교사들의 친목단체인 정동구락부(貞洞俱樂部)의 일원으로 활동하게 된다. 그래서 당시에 이상재의 교제 범위는 누구보다도 넓었다. 그 당시 국내의 개화파로 알려진 김옥균, 박영효 등은 주로 일본인들과의 교류가 많았을 뿐 다른 외국인들과의 교제는 극히 제한된 데 비하여, 이상재는 각국 외교관들과도 공적, 사적으로 폭넓게 교류하였다(전택부, 2008, 60쪽).

이러한 가운데 45세가 되던 무렵인 1894년에는 승정원 우부승지 겸 경연각 참찬, 그리고 학무아문참의(學務衙門參議) 겸 학무국장이 된다. 이 때 신교육제도를 창안하여 사범학교, 중학교, 소학교, 외국어학교를 설립하여, 한때는 외국어학교 교장을 겸한다.

이후 이러한 경험을 토대로 이상재는 점차 민권 운동 사상가로 성장해 나간다. 이것은 만민공동회의 활동과 관련하여 이상재가 올린 상소인 다음의 '상정부서(上政府書)'에 잘 나타나 있다.

> 국가가 국가를 이루는 까닭은 한두 사람만으로 이루어지는 것이 아니고 여러 천만 명이 모여서 삶으로 이루어지는 것이므로 이 민중이 없이 어떻게 국가를 이룰 것이며 또 민중이 모였다 하더라도 조금이라도 각각 그 천부(天賦)의 권리와 의무를 향유하지 못하면 이것은 꿈질거리는 고깃덩이와 움직이는 송장이니 무엇이 초목 금수와 달라서 넓고 비옥한 토지가 있다고 하더라도 이것을 어찌 지키고 보전할 수 있겠습니까? (월남 이상재 선생 동상 건립위원회(편), 1986, 288쪽).

2) 1902년 한성감옥 수감과 기독교의 자발적 수용 그리고 개인적 불운

한편 상정부서(上政府書) 등의 상소를 올린 이후, 이상재는 정부대신들의 미움을 받아, 1902년 6월 왕정에서 공화정으로 국체(國體)를 개혁하려 했다는 죄목으로, 김정식, 유성준, 홍재기, 그리고 차남 이승인과 함께 한성감옥에 투옥되어, 여기서 이승만, 신흥우, 남궁억, 안국선, 이준, 이종일, 이동녕 등을 만나게 된다.

그리고 옥고를 치르는 동안, 이상재는 선교사들이 차입해주는 기독교 서적과 성경을 읽다가 1903년에 기독교 신자가 된다. 그리고 1904년에 러일전쟁이 터지면서 이상재는 국사범들이 석방됨에 따라 2월에 출옥하여, 지금의 서울 대학로에 위치한 연동교회에 입교한다.

이와 더불어 이상재는 황성기독교청년회(YMCA)의 권유로 1905년에 YMCA의 교육부장을 맡게 된다. 이 무렵 이상재는 특히 실업 교육에 역점을 두어, 캐나다의 실업 교육 전문가인 그레그를 초빙하여 염색, 비누와 양초 만들기, 목공, 철공 등도 가르치기 시작한다(전택부, 2008, 148쪽).

또한 이 무렵에 을사보호조약이 체결되자, 당시에 의정부 참찬이었던 이상재는 그 부당함을 세계에 알리고자, 남대문에 위치한 상동교회 전덕기 목사 등 기독교 지도자와 함께 1907년 헤이그 밀사 파견을 도모하는데, 이때 이를 위한 모임은 상동교회에서 자주 열렸다.

이 무렵에 개인적 차원에서 이상재는 커다란 불운에 직면하는데, 그의 부인과 더불어, 네 아들 가운데 세 아들이 차례로 사망한다. 먼저 1907년에 부인 유씨와 장남 승윤이 사망하고, 그 다음해에는 1902년에 이상재와 같이 한성감옥에 수감되어 심한 고문을 받아 그 후유증으로 차남 승윤이 사망한다. 더구나 1911년에는 삼남 승간마저 사망한다. 이 무렵 평균 수명이 그렇게 길지 않았으나, 비교적 젊은 나이에 세 아들이 차례로 사망한 것이다.

3) 1910년 합일합방 이후, 민족의 독립과 재건 도모

1910년 한일합방 이후, 일제는 1910년대에 경찰과 헌병을 동원한 무단통치를 실시하였으나, 1919년에 3 · 1운동이 발생하자, 일제는 유화적인 문화정치를 표방하게 된다.

이러한 가운데 민족주의자들은 조선인의 실력양성을 표방하여 물산장려운동과 함께 민족교육을 위한 교육운동을 강조하였다. 그래서 한규설, 이상재 등의 발기로 설립된 '조선교육회'는 1920년 6월에 윤치소의 집에서 창립총회를 연다. 이 날 발기인 및 일반 회원 70여 명이 참가하여 임원이 선출되는데, 이 때 이상재는 회장으로 임명된다(김한종, 1995, 64쪽). 그리고 이러한 조선교육회는 1922년 1월에 '조선교육협회'라는 이름으로 총독부의 인가를 받는다.

이러한 가운데 1922년 2월 일제가 조선교육령(朝鮮教育令)을 개정하여 대학교육에 관한 규정을 신설하자 조선교육협회는 관립 제국대학 설립에 맞서 민립대학의 설립을 결의하게 된다. 하지만 조선총독부가 1924년 5월에 '경성제국대학관제'를 공포하고, 1926년에 법문학부와 의학부를 열어 학생을 모집하게 됨에 따라, 민립대학 설립운동은 결국 실패하게 된다.

한편 이상재는 1924년에 조선일보 사장이 된다. 일제는 3·1운동 이후 회유책의 하나로 동아일보, 조선일보와 같은 일간신문의 발행을 허용하는데, 동아일보는 처음부터 민족 진영에 의하여 운영되었지만, 조선일보는 그러하지 않았다. 그 당시 친일단체였던 대정실업친목회의 간섭을 받고 있었다.

이러한 상황에서 1924년 9월 동아일보에서 나온 이상협이 신석우, 최선익 등과 손잡고 8만 5천원으로 친일단체로부터 조선일보의 판권을 인수하는 데 성공한다. 그리고 이들은 조선일보의 종래 친일파 이미지를 일소하기 위하여 안재홍, 김동성 등 민족 진영의 일급 문필가들을 조선일보 편집 진영에 끌어넣는다.

이와 더불어 신석우는 이상재에게 사장이 되어 줄 것을 요청하는데, 이때 이상재는 '동아일보와 경쟁하지 말고 합심하여 민족의 계몽 육성에 힘쓴다.'고 하는 것과 '서로 싸우지 말라.'는 조건을 내걸고, 사장직을 수락한다. 이러한 이상재의 조선일보 사장 취임은 조선일보에 민족지라는 정통성을 부여하는 의미가 있다고 평가된다(유재천, 1986, 117쪽).

이러한 가운데 이상재는 1925년 4월에 열린 제1회 '전조선(全朝鮮) 기자 대회'에서 사회로 추대되어, 당시 공산주의자들의 극심한 야유와 방해공작으로 모임 자체가 무산될 지경이었으나, 이를 원만히 수습하기도 한다(전택부, 2008, 217쪽). 그리고 1927년에 이상재는 좌우 합작으로 설립된 신간회 회장으로 추대되나, 그 후 얼마 되지 않아 노환으로 별세한다.

3. 이승복: 앞에 나서기보다 뒤에서 공헌한 충청인

1) 10대 초반, 조부 · 부친의 순국과 국외 망명 생활

평주(平洲) 이승복은 1895년(고종 32)에 충남 예산군 대술면 상항리에서 한산이씨 이충구(李忠求)와 전주이씨 이건숙(李建淑)의 장남으로 출생한다. 그의 조부는 1882년(고종 19)에 문과에 급제하여 구한말 궁내부 특진관(지금의 청와대 비서실장급에 해당)이 되는 수당(修堂) 이남규(李南珪, 1855~1907)이다. 1906년에 홍성의 민종식 의병장을 은닉하였다는 혐의로 수감된 적이 있는 이남규는, 1907년 9월 26일에 아산 평촌(坪村)에서 아들 이충구, 수행 비복 김응길과 함께 일본 헌병에 의해 결국 살해당하는데, 이 무렵 이승복은 13세의 소년이었다.

3년만에 탈상(脫喪)을 한 이승복은 1910년에 결혼을 하며, 그 해에 서울로 상경해서 장통(長通)보통학교에 편입하였다. 이어서 1911년에는 휘문고등보통학교 2년에 다시 편입한다. 이와 더불어 남대문에 있었던 상동교회 청년학원(靑年學院)에 입학하여 이 학교 교사 박재욱, 이승만, 오의선, 장지영 제씨와 알게 되면서 독립운동을 권유받는다(평주이승복선생 망구송수 기념회, 1974, 343쪽; 정진석, 2008, 43쪽).

앞에서 언급한 것처럼 1905년 을사보호조약이 체결되자 당시 의정부 참찬이었던 이상재는 헤이그 밀사 사건을 도모하는데, 이 때 상동교회는 그 모임 장소였다. 그런 만큼 이상재는 적어도 1906년 무렵부터 상동교회에 빈번히 출입하였다고 볼 수 있고, 그리고 이러한 모임에는 상동교회 전덕기 목사도 참여하였는데, 이런 상황에서 이승복은 상동교회 및 상동교회 청년학원을 다닌 것이다.

더구나 당시의 상동교회 청년학원 남궁억 교장은 이상재와 한성감옥에 같이 수감되어 있던 사람이었다. 이러한 당시의 상황은, 이승복이 상동교회 청년학원을 다닌 것이 이상재와 관련이 많았다는 것을 시사한다고 하겠다.

이러한 가운데 이승복은 1913년 2월에 상동교회 청년학원을 2년만에 수료하고, 러시아 니꼴리스끄로 이주하여, 상동교회 출신 이동녕 등과 같이 지낸다. 그리고 박은식, 조완구 등과 같이 국문으로 청구신보(青丘新報)를 발행하는데, 이때 주자(鑄字)를 러시아로 운반한 것이 문제가 되어 이승복은 1915년에 서울 헌병사령부에 피검되어 6개월만에 석방된다.

이후 1917년에 이승복은 충남 예산의 가산(家産)을 정리하여 모친과 가족을 대동(帶同)하여 러시아로 이주한다. 그리고 1921년에는 이동녕, 조완구 등과 함께 상해로 가서 임시정부에 참가한다.

2) 1920~30년대 국내 언론 및 신간회 활동 참여

한편 이승복은 조국을 떠난 지 6년 후인 1923년에 환국한다. 그 후 이승복은 1923년 7월 7일 서울 낙원동에서 결성된 신사상연구회, 그리고 1924년 11월 29일에 이 신사상연구회가 개칭하여 만들어진 화요회에 관여하면서 사회주의 운동에 투신한다. 이 무렵 화요회는 극좌노선이었는데, 이러한 화요회에 참가하였던 것이다. 하지만 이후 언론계에 참여하면서 사회주의 극좌노선과는 서서히 멀어지고, 점차 보다 온건하고 대중적인 형태의 활동을 하게 된다.

먼저 1924년 5월에 이승복은 동아일보 편집국장과 사업부장으로 있던 홍명희, 홍성희 형제의 권유로 동아일보 조사부장으로 입사하게 된다. 그 후 홍명희와 이승복 등은 일제의 식민 지배를 인정하면서 그 범위 내에서 정치적 결사를 조직하여 자치권을 확보하려 한 동아일보의 개혁을 시도하나 실패하여, 결국 동아일보를 나와서 1925년 4월에 최남선이 만든 시대일보를 인수해 운영하게 된다.

이 무렵에 대지주 출신의 조준호가 시대일보 전무이사의 취임 조건으로 5만 원의 출자를 약속하였으나, 실제로는 1만 원만을 출자하여 경영상의 어려움이 커진다. 이후 운영자금의 대부분을 상무이사 이승복이 출자자들을 설득하여 마련하나, 인수한 지 1년여 만인 1926년 8월경에 시대일보는 결국 문을 닫게 된다(박용규, 2016, 311쪽).

이후 이승복은 조선일보 부사장이었던 신석우의 적극적 권유로, 1927년 1월부터 당시 이상재 선생이 사장으로 있던 조선일보 영업국장을 맡게 된다. 재정적 차원에서 조선일보의 운영을 책임지게 되는 것이다. 또한 이 무렵에 이승복은 조선일보의 편집국장이었던 안재홍 등과 더불어 민족 통합을 추구하던 신간회에 참여하여 신간회의 운영에 크게 기여한다. 예를 들어 조시완 씨는 이렇게 언급한다.

> 일제 36년간 극우와 극좌를 함께 지양해서 민족운동의 정통으로 단일당(單一黨)을 이끌고 나가는 데 평주 선생의 역할이 컸다는 사실을 나는 알고 있어요. 독립운동 과정에서 단일민족의 통일전선을 형성한 민세(안재홍) · 벽초(홍명희) 계(系)의 업적은 결코 과소 평가될 성질의 것이 아닙니다(평주 이승복 선생 망구송수 기념회, 1974, 178쪽).

또한 이승복 밑에서 조선일보 광고부장으로 일했던 김인현 씨는 다음과 같이 증언한다.

> 곁에서 지켜보니까 신간회의 실제 일은 모두 평주가 했어요. 각계각층의 저명한 인물들을 끌어들인 것이 모두 평주의 힘이었고 자금 동원이라든가, 당시 사회운동 전개가 모두 평주의 역량으로 되었습니다. (평주 이승복 선생 망구송수 기념회, 1974, 178쪽)

한편 민립대학 설립 운동의 실패 이후, 조선교육협회는 조직을 재정비하여 한글 보급 운동을 전개하기 시작하는데, 당시의 이러한 조선교육협회의 활동은 조선일보와 밀접히 연결되는 형태로 이루어진다. 당시 조선일보 영업국장이었던 이승복, 그리고 국어학자 최현배의 제자로 새로 조선일보의 편집국장이 된 장지영이 조선교육협회의 평의원이기도 하였던 것이다. 이러한 가운데 실제적 차원에서 한글 보급 운동은 조선, 동아와 같은 신문사가 중심이 되어 전개되어 나간다(김한종, 1995, 85쪽).

1930년 무렵에 한국의 문맹률은 거의 77%에 달했는데, 이러한 가운데 전개된 한글 보급 운동은 조선일보에도 도움이 되는 것이라고 지적된다. 한글 보급 운동을 통해 문자 해독층이 늘어나게 되는 것은 신문 독자층의 증가로 이어지기 마련이며, 이는 결국 신문 발행 부수의 증대로 이어지기 때문이다(채백, 2020, 224쪽).

3) 1931년 신간회 해체 이후의 언론 및 사회활동

한편 일본 경찰의 교묘한 분열공작, 코민테른, 즉 공산주의 인터내셔널의 영향 등 다양한 원인으로 인해, 신간회는 1931년 5월에 결국 해체되는데, 이 무렵 조선일보는 종래의 한글보급운동에 더하여, 한국의 역사와 풍습 등에 관한 '조선학', 특히 조선 역사의 재조명에 힘쓴다.

이러한 가운데 1931년 6월 10일에서 10월 14일에 걸쳐 신채호의 논설이 조선일보에 〈조선사〉라는 이름으로 게재된다. 그리고 이러한 사설은 해방 후인 1946년에 〈조선사론〉이라는 단행본으로 출간되고, 이후 다시 이것은 1948년에 〈조선상고사〉라는 제목으로 출판된다. 이 책에는 일반적으로 단재 사학의 정수(精髓)가 잘 드러나 있다고 여겨지는데, 이 책에서 단재는 종래 김부식 이하 한국의 유가적인 역사가들과 일본의 식민주의자들이 내세운 한반도 중심의 한국사 이해에 동의하지 않고, 한국 상고사의 영역을 크게 확장한다.

즉 한국의 유가적인 역사가와 일본의 식민주의자들은 한국사가 본격적으로 시작되는 시기를 삼국시대로 보았기 때문에 그 활동무대를 한반도 중심으로 보려고 하였다. 하지만 단재는 한민족이 본격적으로 활동한 시기를 삼국시기로 보지 않고 삼국이전의 상고사의 시기로 보았다. 따라서 한반도는 물론이고 만주와 중국의 동부 지역(산동성, 안휘성 등)까지를 단군 부여족의 활동무대로 보았다. 이는 우리 역사의 자주성, 주체성을 확립해 가려는 노력의 일환이라고 볼 수 있을 것이다(단재신채호전집편찬위원회, 2008, 28쪽).

신채호는 식민지 시기에 조선일보의 임원이 된 적은 없으나, 대한매

일신보의 주필 등을 역임한 언론인이기도 하였다. 또한 신채호는 지금의 대전시 출신으로, 성균관에 들어가 3년간 공부한 적이 있는데, 당시 그의 스승은 앞에서 언급한 수당 이남규였다.

이처럼 신간회 해체 이후, 조선일보가 조선학, 특히 조선 역사의 재조명에 힘을 쏟던 시기인 1932년 3월에 이승복은 재만(在滿)동포 구호금 소비(消費) 혐의로 당시의 안재홍 사장과 함께 투옥되어 8개월간 옥고를 치르고, 출옥 이후 1933년 1월에 안재홍과 같이 조선일보를 퇴사하게 된다.

그 후 이승복은 1945년 3월에 예비검속(豫備檢束)으로 일본 헌병사령부에 다시 구속되어 수감되어 있던 중, 8 · 15 광복으로 출옥하게 된다. 해방 이후 상황에서 이승복은 홍명희 등의 좌파에 대해선 어느 정도 거리를 둔다. 그래서 이승복은 민세 안재홍과 마찬가지로 중도 우파 민족주의에 속한다고 평가된다(조동걸, 1999).

한편 한국전쟁 때 해병대 중위로 참전 중이던 이승복의 장남 이장원이 23세로 전사(戰死)한다. 그래서 현재, 조부 이남규, 부친 이충구, 본인, 그리고 장남 이장원의 일가 4대(代)가 대전 현충원에 안장되어 있다. 이는 우리 역사에서 유일한 경우라고 한다(이민지, 2014).

4. 이관구: 사회 비판 언론 활동을 전개한 마르크스주의 논객

1) 1912년 YMCA 청년학관 중학부 졸업 및 교토대학 유학

성재(誠齋) 이관구는 서울 출생으로 충청에서 태어나지는 않았다. 하지만 본관이 한산이며, 조부가 충북 청주 출신이라는 점을 고려하면, 충청과 관련이 깊다고 볼 수 있을 것이다. 그래서 이 글에서는 이관구에 대해서도 살펴본다.

앞에서 살펴본 이승복 집안과 마찬가지로, 구한말에 이관구의 조부도 일본에 맞서다가 순국한다. 즉 당시에 궁내부 대신이었던 조부 이경직(李耕稙)은 8월 21일 궁궐을 습격한 일본 자객에 맞서 싸우다가 명성황후와 함께 살해된다.

이러한 이관구는 1908년에 4년제였던 YMCA 청년학관(靑年學館) 중학부에 입학하여, 홍난파 등 14명과 함께 1912년에 졸업한다(전택부, 1994, 180쪽). 이미 언급한 것처럼, 이상재는 1905년에 YMCA 교육부장이 되고, 1908년에는 YMCA 종교부 총무도 겸하게 된다. 당시의 이러한 상황은 이관구가 이상재의 영향을 많이 받았다는 것을 시사한다.

실제로 이관구의 자서전 〈하루살이 글 한평생〉에는, YMCA 중학부 시절에 이상재와 김규식의 지도를 받으면서 공부를 했다고 기술되어 있다. 특히 이 무렵 민세 안재홍 형제는 상급반이었고, 이관구 형제는 하급반이었으나 모두가 한 반에서 같이 공부했기 때문에, 이 인연으로 이관구 형제는 민세 안재홍 형제와 서로 정이 매우 두터웠다고 한다.

또한 민세 안재홍이 YMCA 중학부를 중퇴하고 경술합방 직후에 일본 와세다 대학 정경학부에 입학한 후에, 해마다 YMCA에 와서 스승인 이상재에게 인사드리고 도쿄 유학생의 활동 상황에 대해 보고 하였는데, 그 모습이 이관구에게는 매우 우러러보였다고 한다.(이관구, 1982, 60쪽).

이러한 가운데 이관구도 YMCA 중학부를 졸업한 후에 일본으로 건너가, 1921년 4월에 교토대학(京都大學) 경제학부에 입학하여 졸업하게 되고, 그리고 1924년 4월에는 동 대학교 대학원에 입학하여, 경제학사 특히 사회주의 경제학 분야를 전공하고 1926년 3월에 수료한다.

1883년에 김옥균은 서재필 등 30여 명의 청년들을 인솔하고 가서 일본 육군 사관학교 등에 입학시켜 장교 훈련을 받게 한다. 이들이 한국 최초의 일본 유학생인데, 1894년에 발발한 청일전쟁에서 일본이 승리해 동아시아의 패권이 일본으로 넘어가고 나서부터는, 관비 유학생뿐만 아니라 자비 유학생도 크게 늘어나기 시작한다.

특히 1904년에 발발한 러일전쟁에서 일본이 승리하게 되면서, 일본 유학생 수는 급증하기 시작해, 1906년에는 300명이 되고, 1907년에는 400여 명, 1909년에는 무려 697명이 된다. 이 유학생들 중 약 100명은 관비 유학생이었으나 나머지 600명 정도는 개인 또는 단체의 도움으로 공부하는 유학생들이었다(전택부, 1994, 128쪽). 이러한 가운데, 이관구 또한 일본의 교토대학에 유학하였던 것이다.

2) 1920년 귀국 이후, 교육 활동 및 조선일보 참여

한편 이관구는 교토대학 유학을 마치고 1926년에 귀국하여 지금의 고려대학교가 되는 보성전문학교 상과 강사로 일하면서, 1927년 2월에 민족단일전선인 신간회(新幹會)가 창립될 때 중앙위원과 정치부 간사를 맡게 된다. 그리고 그 직후인 1927년 4월에는 당시에 조선일보 사장이었던 이상재(李商在)의 발탁으로 조선일보 논설 주간 및 정경부장이 되어, 당시 주필이었던 안재홍과 번갈아 가면서 조석간(朝夕刊)의 논단을 집필하게 된다(이관구, 1982, 61쪽).

당시 조선일보의 사설은 무기명으로 작성되었음에도 불구하고, 그가 쓴 글은 그의 부인이 스크랩해, 6 · 25 때 피난살이를 하면서도 이 사설 묶음만은 반드시 지니고 다녔다고 한다. 그래서 그의 글은 판명이 가능한데, 1929년 10월까지 조선일보에 재직하는 2년 6개월 동안에 이관구는 약 300편의 논설과 시평을 썼다. 그의 셋째 아들인 이신복 성균관대 신문방송학과 명예교수는 이를 기초로 하여 1986년에 〈성재 이관구 논설 선집〉을 출간하였는데, 이를 보면 이관구는 주필 안재홍(安在鴻)과 함께 일제의 식민통치를 규탄하는 논설도 많이 집필했다는 것을 알 수 있다.

하나의 예로, 이관구는 1928년 1월 21일에 〈보석(保釋) 지연(遲延)의 희생〉이라는 논설을 썼다가 안재홍은 구속되고 그는 소환되어 문초를 받았다. 이 논설은 1925년 제1차 공산당 사건으로 체포된 미결수들이 겪고 있는 참혹한 현실을 지적하고 당국의 태도를 꾸짖는 내용이었다. 당시에 미결수들은 2년여 동안 재판을 받으면서 모진 고문을 받아서, 험한 수감 생활 중에 옥사하거나 불구가 된 사람도 있었기에, 이관구는 이를 문제시한 것이다.

1928년 5월에는 일본의 중국 침략을 비판한 사설 '제남사변(濟南事變)의 벽상관(壁上觀)' 때문에, 이 사설을 작성한 안재홍과 함께 구속되며, 이때 사설은 압수되고 조선일보는 무기 정간 처분을 받는다.

3) 1928년 조선일보 퇴사 이후에도, 언론인 · 교육자로 활약

이후 1929년 10월에 조선일보를 퇴사한 이후에 이관구는 중앙일보, 조선중앙일보의 주필 및 편집국장이 되어 논설을 집필하는데, 계속해서 일제의 식민 통치를 규탄하는 논설, 소작농을 옹호하여 계층 간 통합을 모색하는 논설을 많이 작성한다. 해방 이후에는 당시 최대의 야당지였던 경향신문, 그리고 합동통신의 임원이 되어 활동한다. 특히 경향신문 주필 시절에는 정부를 비판하는 신랄한 사설을 많이 써서 '솜으로 싼 바늘'이라는 평을 들을 정도였다고 한다(조선일보 사료연구실, 2004, 110쪽).

해방 이후 이관구는 교육자로서도 활동하게 되는데, 이관구는 1949년에 성균관대학교 경제학부 교수가 되어 1961년까지 재직하고, 1962년에는 동 대학 이사장으로 취임한다. 이러한 가운데 이관구는 1957년 4월에 논설위원, 편집국장 등이 중심이 된 제작분야의 최고 책임자들의 모임인 신문편집인협회 초대 회장에 취임하는데, 1950년대 말에서 60년대 초반에는 바로 이 신문편집인협회가 한국 언론계를 대표하였다.

이 무렵은 편집인 전성시대였다. 주필과 편집국장이 신문의 논조와 제작방향에 전적인 권한을 지니고 있었으며 편집국의 인사도 거의 편집국장의 재량하에 놓여 있었다. 그리고 사장을 포함한 경영진은 주필과 편집국장을 정점으로 한 편집국의 취재와 제작 활동을 효율적으로 뒷받침하는 입장이었다. 그러므로 당시에 신문편집인협회는 명실상부하게 한국 언론계를 대표하였다(정진석, 1995, 539쪽).

바로 이 시기에 이관구는 신문편집인협회 초대 회장이 되는데, 이관구가 초대 회장 재임 중에 신문 업계 종사자들이 지켜야 하는 기본 규범이라 할 수 있는 '한국신문윤리강령'도 제정된다. 또한 이관구는 1970년 1월에 지금의 한국언론진흥재단에 해당하는 한국신문연구소 소장이 되어 1973년 2월까지 재임한다.

5. 이훈구: 계속 소작농의 입장을 우선한 충청 출신 농학 박사

1) YMCA 중학부 및 수원 농림 졸업 이후, 1920년대 초에 도쿄대학 유학

심당(心堂) 이훈구(李勳求)는 1896년 4월에 충남 서천군 기산면 산정리에서 이학규(李鶴珪)의 장남으로 출생해, 조부 이면직(李冕稙)이 설립하고 부친 이학규가 운영하던 기산학교(麒山學校)에 다니면서 한학 교육을 받는다.

이러한 가운데, 이훈구는 대다수 농민층이 소작농, 농업노동자로서 극단의 생활고에 시달리고 있던 당시의 농촌 현실을 심각하다고 생각하여, 한학을 그만두고 무작정 서울로 상경한다. 그리고 1908년 무렵에 당시 이상재가 교육부장으로 있던 '황성기독교청년회(YMCA) 청년학관(青年學館)에 입학하여 4년 후인 1912년에 졸업한다.

그 후에는 수원 농림 전문학교(지금의 서울대 농학부)에 입학하여 1918년에 졸업하고, 이어서 1921년 4월에는 도쿄대학(東京大學) 농학부에 입학하여 3년 후인 1924년 3월에 졸업한다. 이 시기에 도쿄대학 농학부에서는 소농(小農)을 중시하는 농업경제론을 배운다.

또한 그는 이 시기에 기독교 신자가 된다. 당시에 한국인 유학생들은 도쿄 간다(神田)에 있는 일본인 도쿄 YMCA의 방 하나를 빌려쓰다가 1906년 무렵에 회관을 새롭게 마련하게 되는데, 그 결과 1907년 도쿄의 400~500명의 유학생 가운데 163명이 기독교 신자가 된다고 한다(전택부, 1994, 128쪽). 방기중에 의하면, 이 무렵에 이훈구는 도쿄 한국인 YMCA에 참여하면서 기독교 신자가 된다(방기중, 1996, 125쪽). 아마도 여기에는 이훈구가 황성기독교청년회 중학부를 다녔던 것도 영향을 준 것으로 보인다.

2) 1924년 귀국 이후 공주 영명학교 교사로 활동, 다시 미국 유학

이러한 가운데 1924년에 일본에서 귀국한 후, 이훈구는 감리교 계통의 공주 영명학교(公州 永明學校) 교사로 2년간 근무하게 된다. 그리고 이 때 그는 당시 조선일보 사장이던 이상재와의 인연으로 조선일보에 주로 교육에 관한 10여 편의 글을 발표한다. 구체적으로 그는 식민지 조선의 교육 현실과 문제점을 자세히 분석하여 제시한다. 또한 그는 당시 조선 농민과 농촌의 처지가 구 러시아 제국 시절 봉건 귀족 영주에게 예속된 채 착취당하던 농노보다도 비참하다고 주장하기도 한다.

그 후 1926년에는 미국 감리교청년회 교육부의 추천으로 미국 캔자스주립 농과대학에 유학하여 1년 만에 식민지 치하 조선의 토지 소유관계를 다룬 논문으로 학위를 취득한다. 그리고 그 요지를 1927년 8월 중순부터 10회에 걸쳐 조선일보에 '소작문제의 경제학적 일고찰'이라는 제목으로 연재한다.

이후 1927년 가을에는 위스콘신대학 농업경제학과 박사과정에 진학하여 철학박사 학위를 받는데, 졸업 후 이훈구는 미국 농무성 토지정책 주무자인 그레이(L. C. Gray)의 주선으로 농무성 농업경제국 촉탁으로 잠시 근무한 후, 1930년 중국 난징(南京)에 가서 감리교 계열의 진링대학(金陵大學) 교수가 된다.

이듬해인 1931년 귀국하여 기독교 선교사가 세운 평양 숭실전문학교(崇實專門學校) 교수가 되어 교편을 잡게 된다. 이 무렵 미국 지리학협회의 후원으로 만주와 조선에 관한 두 개의 조사 보고서, 즉 〈만주와 조선인〉 〈조선농업론〉을 발간하게 되는데, 여기서도 이훈구는 일관해서 조선의 농업 정책은 소작농 중심이어야 한다는 주장을 편다.

3) 1930년대 후반 조선일보 참여 및 해방 이후의 정계 진출

한편 소작인 보호라는 명목하에 1934년 4월에 공포된 조선농지령(朝鮮農地令)과 같은 총독부의 일견 전향적인 농업정책 및 기독교-민족주의 진영 운동의 쇠퇴가 복합적으로 작용하면서 이훈구는 극적으로 변모하게 된다. 그는 과거 개인 혹은 민간 차원에서 이뤄졌던 교육 계몽과 협동조합운동이 실패하였다고 보고, 식민권력이 주체가 된 관제 의무 교육과 조선 본위의 경제개발이 필요하다는 입장으로 선회한다.

이러한 면모는 1938년 조선일보 주필로 취임한 뒤 스스로 식민권력의 비판적 조언자로 자리매김하면서 더욱 노골적으로 나타난다. 그는 미나미 지로(南次郞) 총독의 농공 병진(農工 竝進) 정책이 조선의 발전에 기여한다고 보아, 조선인의 자발적이며 적극적인 협력이 중요하다고 설파한다.

하지만 1941년 미일 전면전의 개시에 따른 총력전 체제 아래에서 이훈구의 이와 같은 입장은 일체의 기반을 상실한다. 더구나 끝내 조선일보마저 폐간되는 식민지 정세에 직면하게 되자, 그는 낙향해 해방 무렵까지 조용히 은거한다(김진영, 2020).

이훈구의 이러한 활동은 분명히 친일적이라고 볼 수 있다. 하지만 이훈구의 이러한 행위는 일본에 협력하는 것이 조선의 발전으로 이어진다는 자신의 판단에 기반해 이루어졌다고 하는 점에서, 단순히 일신의 영달을 위한 친일 행위와는 차이가 있는 것으로 보인다. 실제 이훈구는 친일반민족행위자로 분류되지는 않으며, 친일 인명사전 등에도 등재되어 있지 않다.

해방 이후 이훈구는 언론계에서 정계로 진출하여, 1946년에 미군정청 농무부장(농수산부 장관에 해당) 및 조선경제고문회 회장이 된다. 하지만 제1공화국 출범 이후, 그는 지주 중심의 농정(農政)이라는 이유로 이승만 정부에 협력하지 않고, 혁신계 정당 당수가 된다. 그리고 1948년 제헌 국회의원 선거에서 무소속으로 충청남도 서천군 선거구에 출마하여 당선되어, 당시 혁신계 인사로서는 유일하게 국회에 입성하게 된다.

이후 1955년 단국대학교 학장이 되고, 1956년에는 성균관대학교 제2대 총장에 취임한다. 1958년에는 한산이씨 조상 가운데 널리 알려진 목은 이색에 관한 〈목은 선생 약전〉이라는 책도 간행한다.

이러한 가운데 1960년 사회대중당이 창당되자 여기에 참여하여, 같은 해 제5대 국회의원 선거에서 사회대중당 후보로 충청남도 대한민국 참의원 선거에 출마하여 당선된다. 하지만 1961년 5 · 16 군사정변이 일어나자 예비검속으로 6월 11일에 연행되어, 6월 13일 대전형무소에서 심장마비로 별세한다. 향년 65세였다.

6. 맺음말: 식민지 시기 충청 출신 언론인, 언론문화의 특징

1) 이들은 어떻게 조선일보에서 임원으로 일을 하게 되는가?

이상재와 그 외의 세 사람 즉 이승복, 이관구, 이훈구는 45세 이상의 연령 차이가 난다. 그런 만큼 서로는 완전히 다른 세대에 속한다고 볼 수 있다. 더구나 이상재를 제외한 나머지 세 사람은 20대에 서로 다른 길을 걸어가게 된다.

이승복은 북만주 러시아령, 상해 임시정부에서 활동을 한다. 하지만 이관구와 이훈구는 각각 1921년에 일본의 교토대학 및 도쿄대학에 입학하게 된다. 더구나 이훈구는 그 후에 미국 유학을 가게 된다. 하지만 그럼에도 불구하고, 이들 네 사람은 공통적으로 식민지 시기에 조선일보의 임원이 되어 적극적으로 활동하게 된다.

이것은 일차적으로 가장 나이가 많은 이상재가 50대 초반에 기독교 신자가 되고, 그리고 집안에 어려움을 겪은 후에 조선일보 사장에 취임하게 된 것, 그리고 이들은 모두 충청도에 연원을 두는 한산이씨로 각각의 가족이 민족 자립 운동에 종사해 온 것과 밀접한 관련을 가지고 있는 것으로 보인다.

구체적으로 구한말 학부(學部)의 고위 관리를 지낸 이상재는 50대 초반인 1902년 2월에 왕정에서 공화정으로 국체(國體)를 개혁하려 했다는 음모로 한성감옥에 수감 되는데, 이 때 서양 기독교 선교사들이 차입해 준 서적을 읽고서 심경의 변화를 일으켜 기독교 신자가 된다.

이후 1904년에 러일전쟁이 터지면서 국사범들이 대거 석방될 때 출옥하여, 대학로에 위치한 연동교회에 입교하게 된다. 그리고 1905년에 YMCA의 권유로 YMCA 교육부장이 된다.

이런 가운데, 이상재의 장성한 네 아들 가운데 세 아들이 1908년을 전후로 차례로 사망한다. 이 무렵 평균 수명이 그렇게 길지 않았으나, 비교적 젊은 나이에 세 아들이 차례로 사망한 것이다. 특히 둘째 승인은 1902년 한성감옥에 이상재와 같이 수감되어 심한 고문을 받았는데, 그 후유증으로 사망하게 된다.

이러한 상황에서, 이상재는 홍성 민종식 의병장 은닉 혐의로 조부와 부친이 살해된 10대 중반의 이승복, 조부가 명성황후 시해 사건 때 일본 자객에 저항하다가 살해된 10대 중반의 이관구, 그리고 신식 학문을 배우려고 상경한 10대 중반의 이훈구 등 문중의 우수한 젊은이들을 기독교 교육기관에 수용하여, 이들을 적극적으로 돌본 것으로 보인다.

그리고 이후 이승복은 북만주 및 상해 임시정부에서 활동하는 가운데 다양한 사람들과 폭넓게 교류를 하게 되고, 이관구와 이훈구는 각각 교토대학과 도쿄대학에 유학하여 경제학과 농업경제학을 공부하게 된다. 나아가 이훈구는 감리교 청년회의 추천으로 미국 유학을 하게 된다. 그리고 귀국 후 이관구와 이훈구는 모두 대학에서 교편을 잡게 된다.

이러한 가운데 1924년에 이상재가 조선일보 사장에 취임하게 되자, 이승복 등은 모두 조선일보에 입사하여 활동을 하게 되는데, 먼저 1927년 1월에 이승복이 조선일보 영업국장 및 이사가 되고, 1927년 4월에 이관구가 조선일보 정경부장 및 논설위원회 주간이 된다. 그리고 이훈구는 1927년 미국 유학중에 조선일보 미국 통신원으로 활동하게 되고, 이후 이상재가 사망한 후인 1938년 무렵에 조선일보 주간 및 부사장으로 일을 하게 된다.

그 결과 이승복, 이관구, 이훈구는 20대 이후 서로 다른 길을 걸어가게 됨에도 불구하고, 이들은 모두 식민지 시기에 조선일보에서 임원으로 일을 하게 되는 것이다.

2) 식민지 시기 이들의 조선일보를 통한 언론 활동의 공통점은 무엇인가?

당시 이상재, 이승복, 이관구, 그리고 이훈구는 모두 언론인이면서 동시에 사회운동가, 교육자이기도 하였다. 그래서 이들의 언론 활동은 사회운동가, 교육자로서의 활동과도 서로 연계되어 분리되지 않는 형태로 전개되었다. 그런 만큼 이들의 언론 활동은 좀 폭넓게 이해할 필요가 있다고 볼 수 있는데, 이 경우에 이들의 언론 활동의 공통점은 무엇이라고 볼 수 있는가?

이상재는 민족주의 중도, 이승복은 민족주의 중도 우파, 이관구는 민족주의 좌파, 그리고 이훈구는 개량적 자본주의, 이렇게 이 네 사람은 이념적 성향이 서로 다소 다르나, 그럼에도 이들 모두는 정치적 차원에서 민족 통합을 도모하였다. 그리고 사회경제적 차원에서 당시 매우 열악한 상황에 놓여 있었던 다수의 복리 후생의 증진을 추구하였는데, 바로 이 점이 이 네 사람의 공통점인 것으로 보인다.

먼저 이상재는 명칭 그대로 상하 신분의 모두가 참가하는 형태로 열린 첫 대중 집회인 만민공동회에 의장 및 사회로 참여하였고, 그 후 1924년에 조선일보 사장이 될 때 내건 조건은 동아일보와 싸우지 말라고 하는 것이었다.

그리고 다양한 이념이 대립하던 1925년의 제1회 '전조선(全朝鮮) 기자 대회'에서도 사회자로 참가자의 화합을 도모하였으며, 그 후 1927년에는 민족주의 좌파와 사회주의의 통합 조직인 신간회의 회장으로 추대된다. 그리고 교육자이기도 한 이상재는 50대 초반에 개신교 신자가 된 이후부터 계속해서 YMCA 활동에 참여하였고, 여기서는 청년 실업 교육을 실시하였다.

이승복은 홍명희 등과 함께 일제에 타협하는 형태로 자치권을 확보하려 한 동아일보의 개혁을 시도하려다 실패하고 동아일보를 나오게 된다. 그 후 이승복은 시대일보 상무이사, 조선일보 영업국장이 되어, 신문사의 재정적 운영을 책임지는 가운데, 민족주의 중도 입장에서 민족 통합을 도모한다. 또한 민족주의 좌파와 사회주의의 통합 조직인 신간회의 실무도 책임진다.

교토대학에서 마르크스 경제학을 전공한 이관구는 조선일보 정경부장 및 논설위원회 주간이 된 이후에 계속해서 일제의 식민통치를 규탄하며, 이와 더불어 사회갈등의 해소 특히 소작농 문제의 해결을 적극적으로 주장한다. 이관구는 해방 이후에도 계속해서 언론인으로 활동하여, 1957년에는 초대 신문편집인협회 회장이 되기도 하는데, 이 무렵 모든 신문업계 종사자들이 지켜야 할 규범의 의미를 가지는 신문윤리강령이 제정된다.

도쿄대학 및 미국 위스컨신 대학에서 농업경제학을 공부한 이훈구는 무엇보다도 소작문제의 해결을 위해 계속해서 노력한다. 인구의 절대 다수가 농민이었던 당시 상황에서 이 문제는 절대 다수의 실질적 복리 후생의 증진과 직결되는 핵심 사안이자, 사회 및 민족 통합을 위해 가장 긴요했던 필수 사안이라 할 수 있는데, 이훈구는 이러한 소작문제의 해결을 위해 진력했던 것이다.

이와 더불어 1938년 무렵 조선일보 주필이 되고 나서는 일본에 협력하는 형태로 조선 사회가 자본주의적 발전을 하는 것이 중요하다고 주장한다. 하지만 이는 반드시 일신의 영달을 위해서가 아니라, 조선인 다수의 복리증진을 위해서 이와 같이 주장한 것이다. 해방 이후에도 그는 지주 중심의 농정(農政)이라는 이유로 이승만 정부에 협력하지 않고, 무소속 혹은 혁신계 정당에 소속되어 활동한다.

이로 보아 이상재, 이승복, 이관구, 그리고 이훈구 이들 네 사람은 공통적으로 정치적 차원에서 민족 통합에 진력하였고, 사회경제적 차원에서 조선인 다수의 복리증진에 기여하고자 노력하였다는 것을 알 수 있다. 이는 충청 지역 출신 엘리트의 사회적 심성(心性)을 잘 나타내 주는 하나의 예가 아닌가 생각된다.

참고문헌

김진영(2020). 일제 식민지 시기 이훈구의 현실 참여와 사회개혁론 연구. 서울대학교 석사학위 논문.

김한종(1995). 1920년대 조선교육협회의 교육운동. 〈충북사학〉, Vol.8, 51-87.

단재신채호전집편찬위원회(2008). 〈단재 신채호 전집: 총목차〉. 서울: 신생커뮤니케이션.

박용규(2016). 〈식민지 시기 언론과 언론인〉. 서울: 소명출판.

방기중(1996). 일제하 이훈구(李勳求)의 농업론(農業論)과 경제자립사상(經濟自立思想). 〈역사문제연구〉 1, 113-162.

월남 이상재 선생 동상 건립 위원회(편) (1986). 〈월남 이상재 연구: 연구논문, 월남 시문, 관계 자료〉. 서울: 로출판

유재천(1986). 민족언론과 월남 이상재. 월남 이상재 선생 동상 건립 위원회(편), 〈월남 이상재 연구: 연구논문, 월남 시문, 관계 자료〉 (108-138쪽). 서울:로출판

이관구(1982). 〈나의 인생관: 하루살이 글 한평생〉. 서울: 발문출판사.

이민지(2014, 6, 6). 이남규-이충구-이승복-이장원, 현충원 유일의 4대 안장 가문. 〈뉴스엔〉.

이신복(1986). 〈성재 이관구 논설 선집(誠齋 李寬求 論說 選集)〉. 서울: 일호각.

이훈구(1958). 〈목은 선생 약전〉. 서울: 규장사.

전택부(2008). 〈이상재 평전〉. 서울: 범우사.

전택부(1994). 〈한국 기독교청년회 운동사〉. 서울: 범우사.

정진석(1995). 〈인물 한국 언론사〉. 서울: 나남.

정진석(2008). 이승복의 항일민주 언론활동. 수당이남규선생기념사업회(편). 〈평주 이승복선생 서세삼십주년기념 학술대회〉 (41-58쪽). 서울 :수당이남규선생기념사업회.

조동걸(1999). 수당 이남규의 독립정신과 유지. 민족문화추진회(편), 〈수당(修堂) 이남규(李南珪) 선생의 독립정신과 詩의 세계〉(1-30쪽). 서울: 민족문화추진회.

조선일보 사료연구실(2004). 〈조선일보사람들〉. 서울: 랜덤하우스 중앙.

채백(2020). 〈한국언론사〉. 서울: 컬처룩.

평주 이승복 선생 망구송수 기념회(1974). 〈삼천백일홍(三千百日紅) : 평주 이승복 선생 팔순기(平洲 李昇馥 先生 八旬記)〉. 서울 :인물연구소.

02

항일투쟁, 민주언론의 중심축 충북 옥천-세 언론인

02

항일투쟁, 민주언론의 중심축 충북 옥천-세 언론인

황민호(옥천신문)

1. 항일투쟁, 민주언론의 중심축 충북 옥천-세 언론인 조동호, 정지용, 송건호

#1. '1년 내에 독립을 못하면 2년…2천만이 다 죽기까지는 맹세코 기필코 우리의 신성한 국토 내에서 우리를 노예로 하는 원수의 왜 민족을 축출하고 말리라…하략' 1919년 11월1일 상해임시정부 기관지 독립신문에 난 글이다.

조동호. 그는 청산면 백운리에서 태어나 몽양 여운형 선생과 함께 평생을 독립운동가이자 언론인으로 살았다. 중국 상해에 대한민국임시정부가 수립되고, 임시정부 수립 29인의 한 사람으로 참여한 선생은 항일독립운동 의지를 확인하고 이를 확산시키는 구실을 한 독립신문 제작에 참여한다. 인쇄 활자가 없던 상황에서 한글 성경판의 활자를 떼어내 활자를 고안함으로써 독립신문 제작에 산파 구실을 했고, 국내로 귀국한 1924년부터는 동아일보 기자로 활약했다. 1932년에는 조선중앙일보를 인수, 확장해 여운형 선생을 사장으로 세웠고, 자신은 편집고문으로 활약하면서 손기정 선수의 베를린올림픽 마라톤 우승 당시, 동아일보에 앞서 일장기를 지우고 보도했다. 선생은 1944년, 여운형 선생 등과 함께 건국동맹에 참여, 내무부를 맡았고 1945년 해방 후 건국준비위원회 선전부장을 맡았다.

#2.충북 옥천군 옥천읍 하계리. 그의 생가에는 매일 끊임없이 전국에서 방문객들이 모여든다. 정지용 시인을 가장 잘 알린 것은 노래로 만들어져 국민가요가 된 '향수'다. 그런 정지용 시인이 1946년 10월 경향신문이 창간되면서 주간을 맡았고, 사설을 썼으며 '여적'이라는 고정란에 민족주의적 관점에서 기사를 썼다는 사실을 주목하는 이는 그리 많지 않다. 기사를 통해 정지용 시인은 미소 양군의 철수, 신탁통치 반대, 우리 민족의 살 길은 통일정부 수립뿐이라는 소신을 밝혔다. 언론 경력은 비록 10개월이었으나 그의 민족주의적 관점과 시각에서 언론인의 고뇌를 읽을 수 있다.

#3.한국민주언론운동사에 있어 빼놓을 수 없는 이가 군북면 비야리 출신 청암 송건호 선생이다. 1974년 10월24일 동아일보 편집국장 당시 박정희 유신독재체제를 뒤흔드는 '자유언론 실천선언'이 동아일보 기자들에 의해 거행된다. 이에 정부가 동아일보 광고탄압에 나섰고, 동아일보 경영진은 1975년 3월 자유언론실천선언에 앞장섰던 기자, PD 등 150여 명을 해고한다. 이에 송건호 선생은 경영진의 기

자 해고가 부당하며, 이를 복직시켜줄 것을 요구하고는 편집국장 직을 사임한다. 이후 선생은 1980년 광주민주화운동과 연계한 김대중 내란음모사건에 연루돼 모진 고문을 받고 옥고를 치른 끝에 1984년 해직 언론인들이 중심이 된 민주언론운동협의회(현 민주언론운동시민연합)를 만들고 초대의장을 맡아 언론민주화운동을 시작하며 월간 '말'을 발행한다. 1986년에는 '말'을 통해 전두환 정권이 '보도지침'을 내려 언론을 일일이 통제했던 실상을 알렸고, 1987년 6월항쟁을 거치고 민주언론의 필요성을 인지한 인사들과 함께 1988년 국민주신문 한겨레신문을 창간, 초대사장을 역임했다.2000년 4월 한국기자협회가 제44회 기자의 날을 맞아 조사한 설문조사 결과 가장 존경하는 생존 언론인 중 한 사람으로 꼽힌 선생은 한국 언론민주화운동사에서 빼놓을 수 없는 인물이다.

2. 건국훈장 독립장 받은 유정(榴亭) 조동호(趙東祜), 그는 누구인가?

▲ 해방을 1년 앞둔 1944년 건국동맹 동지들과 서울에서 회합을 갖고 있는 조동호 선생(맨 왼쪽). 오른쪽에서 세번째가 여운형 선생이다. 사진제공 : 조동호 선생 기념사업회

1) 상해 임시정부 등 국내외서 독립운동, 항일의식 고취 언론인, 건준위 활동까지

정부가 제86주년 삼일절을 기념해 모두 165명의 독립운동가를 포상했다. 이번 독립유공자에는 일제강점기 독립운동을 했음에도 사회주의 계열이라는 이유로 서훈을 받지 못하던 사람들이 포함되었다. 165명 중 54명. 그중 옥천 사람들에게조차 생소한 이름이 있었다.

유정(榴亭) 조동호(趙東祜). 조동호 선생은 2등급 건국훈장 대통령장을 받은 몽양 여운형 선생 다음인 3등급 건국훈장 독립장을 받았다. 독립장은 조동호 선생과 6·10만세운동을 주도한 권오설 선생 두 명만 받은 훈장이다. 165명 가운데 3명만이 받은 독립장 이상의 훈장을 조동호 선생이 받은 것이다.

포상과 관련, 여운형 선생의 대통령장 수훈은 그의 공적에 비해 낮게 평가되었다는 비난이 많다. 더구나 일제말 전쟁에 나가라는 연설 등을 한 사실이 밝혀짐으로써 친일논란을 빚고 있는 동아일보 창립자 김성수가 대통령장을 받았고, 여운형 선생과 함께 좌우합작 노력을 했던 김규식 선생이 1등급인 대한민국장을 받았다는 사실에 비추어 몽양 선생에 대한 서훈은 아직도 좌파 알레르기에서 벗어나지 못한 결과라는 지적이다.

2) 평생 동지인 몽양 여운형과 조동호 선생이 묻혀 있던 까닭

여운형 선생의 발자취를 보자면 항상 따라다니는 이름이 조동호다. 유학부터 시작해 상해 대한민국 임시정부 활동, 해방을 앞둔 건국동맹 창립, 해방이 되자마자 구성된 건국준비위원회 참여 등을 통해 여운형 선생과 조동호 선생은 떼려야 뗄 수 없는 관계를 맺고 있다.(1936년 조동호 선생의 결혼식 주례도 여운형 선생이 봐줄 정도였다)

그렇기에 독립운동가, 특히 사회주의 독립운동사에서도 빼놓을 수 없는 인물이 조동호다. 조동호 선생이 잘 알려지지 않았던 것은 사회주의 계열의 독립운동가였기에 연구가 활발하게 이루어지지 못했고, 정부에서도 그의 독립운동 사실보다는 사회주의 계열이라는 이유로

그를 묶어 두었던 탓이다.

이러한 이유로 청산면 백운리 출신인데도 우리 고장 사람들은 그를 잘 몰랐다. 조동호 선생은 1892년 조선말 개화기에 청산면 백운리 299번지에서 태어났다. 선생의 생애는 독립정신과 독립을 이루려는 한결 같은 의지로 점철되어 있다.

그는 17살 때인 1908년 서울로 올라가 서울측량학교를 다니고 1910년 이 학교를 수료했다. 이때 조동호 선생은 동대문에 살던 여섯 살 위의 몽양 여운형 선생을 만나 의기를 투합했으며 23세 되던 해인 1914년 중국 남경으로 가 중국 금릉대학에 입학해 3년간 중문학(여운형은 영문학)을 공부했다.

몽양 여운형 선생을 만나 항일투쟁을 위한 인생의 대 전환점이 되었다고 조동호 선생의 독립운동사를 연구한 이현희(성신여대) 교수는 밝히고 있다. 조동호 선생은 1917년 금릉대학을 졸업한 후 당시 최대 국제도시였던 상해에서 기자로 독립운동을 위한 첫 활동을 시작했다.

선생이 독립운동단체에 처음으로 발을 들여놓은 것은 1912년 신규식 선생이 중심이 돼 상해에서 결성한 유일한 항일 비밀결사단체인 동제사(同濟社)에 참여한 일이다. 1917년께 여운형, 조소앙, 선우혁 등과 함께 이사직을 맡아 활동했다.

선생은 1918년 후반기 여운형, 장덕수, 김철, 선우혁, 한진교 등과 함께 신한청년당(新韓青年黨)을 결성한다. 특히 신한청년당은 미국의 윌슨 대통령이 민족자결주의를 주창하자 파리강화회의에 김규식을 파견하고 미국 대통령에게 독립청원서를 작성해 보내도록 했다.

신한청년당은 일본 유학생들이 참여한 2·8독립선언을 하도록 했고, 국내에서도 3 · 1운동이 일어나도록 하는 진원지 구실을 했다. 3 · 1운동 이후에는 상해에서 대한민국 임시정부 수립에 관여하면서 29명의 요인 중 한 사람으로 참여했다. 불과 스물 여덟살에 그는 의회격인 임시의정원 회의에서 이동녕 등 29명과 함께 임시의정원 의원으로 선임되었고 조완구, 조소앙, 이춘숙 등과 함께 국무위원(장관급)으로 선임되었다.

3) 임정 요인에서 조선공산당 창립까지

임시정부에서는 기관지로 독립신문을 발행하였다. 1919년 8월21일자로 창간돼 1925년 11월11일까지 6년여 동안 발간된 독립신문은 임시정부의 기관지로서 독립의식을 높이고 국내로 반입시켜 항일의식을 높이는 구실을 했다. 선생은 안창호, 이광수 등과 함께 참여했으며 직접 기사를 씀으로써 항일의식을 높였다.

선생은 한글성경의 인쇄활자를 떼내어 독립신문의 활자를 스스로 고안하기도 해 신문의 발간에 결정적 구실을 했다. 선생은 임시정부와 중국 민간인과의 관계에서 중요한 구실을 담당한 한중호조사(韓中互助社), 무장투쟁에 필요한 군사를 양성하기 위한 한국노병회(韓國勞兵會)의 창립에 참여했다.

선생의 귀국은 독립운동의 전환점이 되었다. 상해 생활을 접은 그는 1923년 12월 귀국한다. 귀국한 후 체포되었으나 10일 후 풀려난 그는 1924년 1월께 동아일보에 입사했다. 그는 만주 봉천(심양)사변이 일어나자 종군기자로서 특파원으로 파견돼 20회에 걸쳐 [전지행(戰地行)]

이라는 제목의 종군기를 연재했다. 이때 조선공산당 결성에 관여하게 되었다.

그는 1925년 서울에서 개최된 전조선기자대회와 전조선민중운동자 대회에 참여, 김약수, 김재봉 등 7명과 함께 조선공산당 중앙집행위원으로 선정되었다. 1925년 11월 신의주사건으로 수배된 선생은 1928년 상해에서 체포되어 국내로 들어왔고, 4년간의 옥고를 치렀다.

1933년 출옥 후 선생은 조선중앙일보를 인수, 창간했으며 여운형 선생을 사장으로 내세워 항일의식의 대중화에 힘썼다. 조선중앙일보가 1936년 동아일보보다 10여 일 앞서 손기정 선수의 베를린올림픽 마라톤 우승 당시 일장기를 지워 일제로부터 무기정간조치를 당하고 폐간될 때까지 선생은 독립운동의 일환으로 생각하고 심혈을 기울였다. 조선중앙일보에는 선생의 무기명 논설 등이 실렸다.

선생은 여운형 선생과 함께 1944년 건국동맹을 조직하고 독립을 준비했다. 건국동맹은 1945년 들어 조선의용군 등과 함께 실질적인 합동작전 수행을 위한 준비작업을 했으며 태평양전쟁이 막바지에 이른 가운데 무장투쟁을 위한 준비작업을 펼쳤다. 이 과정에서 1945년 7월 24일 조문기 등의 부민관 폭탄의거가 일어나면서 요시찰 인물에 대한 일제 검속으로, 선생은 8월4일 체포되어 감옥에서 해방을 맞았다. 일본이 패망하자 여운형 선생 등은 8월 17일 건국준비위원회를 조직함으로써 해방 후 정권이양을 위한 실질적인 준비작업을 했다. 1차 조직 때 선생은 선전부장을 맡아 활동했으나 2차 조직 때부터는 고문으로 인한 후유증 등으로 활동을 하지 못했다.

선생은 이후 고향 청산과 수원을 오가며 투병생활을 하다 한많은 혁

명가로서의 일생을 마쳤다. 이때가 한국전쟁이 막 끝난 1954년 음력 8월 15일이었다.

4) 독립신문에서 조선중앙일보까지

상해판 독립신문은 우리나라 최초의 순수 민간신문이다. 독립신문에서 선생은 첨구자 등의 필명으로 기사를 썼고, '군소리', '곡중소' 등의 난을 만들어 임정 요인들의 생활상과 행태 등에 대해 직언과 함께 비판을 서슴지 않았다.

선생은 1923년 12월 귀국을 하면서 동아일보 논설위원으로 활약한다. 특히 이 시기에는 봉천 특파원으로 임명되어 중국에서 종군기인 '전지행(戰地行)'을 20회에 걸쳐 연재했다.

1924년 10월 25일자부터 11월 30일까지 보낸 종군기 중 10월 19일에 보낸 제3신에서 선생은 만주에 있는 독립단체들의 내부 정돈과 단합을 강조하고 있다. 특히 만주에 있는 조선인단체 중 대한통의부, 대한독립군, 또는 독립군단 등 독립운동단체들이 통일을 위한 노력을 게을리 하고 있다고 비판한 선생은 내부정돈을 통해 세계의 추세를 파악하고 조선인의 이해를 잘 살펴 조금이나마 조선에 도움이 될 수 있도록 해야 한다고 주장했다. 장작림이라는 군벌과의 중국 내전을 통해 조선의 독립운동과 희망을 기사로 얘기한 것이다.

1932년 조선공산당 사건으로 4년 동안 옥살이를 하고 출옥한 선생은 이번에는 신문사를 인수해 항일투쟁의 방편으로 삼으려 했다. 선생은 사촌동생 조동순 선생의 매제인 충남 논산의 갑부 윤희중 등에게 신문인수자금을 원조해줄 것을 협의해 조선중앙일보를 새로 인수, 확장했다. 1933년 여운형 선생이 사장으로 취임한 조선중앙일보를 선생은 보이지는 않았으나 뒤에서 후원했다.

조선중앙일보에서 무기명 논설을 썼던 선생은 결국 1936년 손기정 선수의 베를린올림픽 마라톤 우승 후 일장기 말소사건으로 인해 일제로부터 무기정간을 당하고, 자진폐간에 이르게 되어 선생의 언론을 통한 항일운동을 끝을 맺게 되었다.

모두 12~13년에 걸친 언론인 생활을 통해 선생은 우리 동포들에게는 희망과 긍지를, 왜인들에게는 간담을 서늘하게 했다는 평가를 받았다.

5) 독립을 제일로 삼았던 사회주의자

동아일보 기자로 활동하면서 선생은 조선공산당 창립에 큰 구실을 한다. 1925년 4월, 선생은 전선 민중운동자대회 및 전선 신문기자대회를 열어 비밀결사인 '조선공산당'을 창당했다. 이때 선생은 김재봉, 김약수 등과 함께 7명의 조선공산당 중앙집행위원으로 선출되었다.

선생은 모스크바에서 조선공산당에 대한 공식 승인을 얻은 후 국내로 귀국하려 했으나 1925년 11월 조선공산당에 대한 일제의 검거선풍으로 상해로 돌아갔다. 선생이 기초한 조선공산당의 당면 현안은 모두 14개 항으로, '일본제국주의의 완전한 타도, 조선의 완전한 독립'을 첫 손가락에 꼽는 등 독립을 가장 큰 현안으로 꼽고 있다.

선생은 결국 조선공산당 사건으로 상해에서 체포돼 4년 동안 옥살

이를 했다. 공산당 활동을 통해 선생은 일제로부터 독립을 꾀했다. 조선중앙일보 폐간 후 경북 봉화의 광산에서 피신해 있던 선생은 1944년 8월 10일 서울 경운동 삼광의원 현우현 선생의 집에서 여운형, 김진우, 황운 등과 함께 비밀결사인 '조선건국동맹'을 결성하고 조국 해방을 준비하기 시작했다.

여운형 선생이 위원장을 맡은 건국동맹에서는 군사위원회를 조직하고 농민동맹을 조직했는데 선생은 내무부와 군사위원회를 담당해 비밀리에 활동하다가 해방을 앞둔 1945년 8월 4일 일제의 예비검속으로 인해 투옥돼 감옥에서 해방을 맞았다.

해방과 동시에 건국동맹 동지들이 조직한 건국준비위원회에서는 선생을 선전부장으로 추대했다. 그러나 선생은 그 동안의 옥고와 갖은 고문 등으로 인해 몸이 아파 6일만에 이를 사퇴하고 몸을 다스려야 했다.

1946년에는 서울에서 정치학교를 설립, 후배와 정치인 지망생을 위한 교육사업을 시작했다. 이마저도 건강 때문에 끝까지 돌보지 못했으며 1947년에는 여운형 선생이 이끈 근로인민당 정치협의회 위원과 서울시위원장을 맡았으나 여운형 선생이 암살되자 그 직을 사퇴했다.

한국전쟁이 터진 후 선생은 '김일성을 아이'라고 폄훼하고 수원 누나의 집과 고향인 청산을 오가며 치료하다 1954년 음력 8월15일에 파란만장한 언론인이자 민족해방투사로서의 일생을 마쳤다.

3. 언론인 정지용 흔적 생생하게

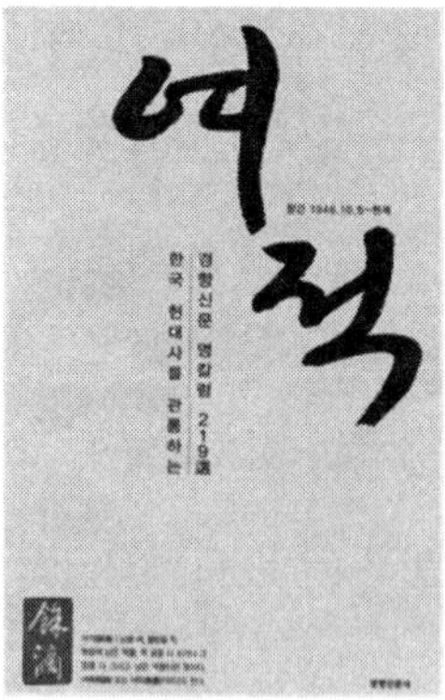

경향신문사가 출판한 〈여적〉을 보면 정지용은 시인이다. 그리고 정지용은 언론인이다. 시인 정지용은 1946년 10월 해방후 좌우익 대립이 심화되던 때에 가톨릭재단 소유로 창간된 경향신문 창간사원 51명, 편집진 22명 중 한 사람이었다. 그의 직함은 논설주간. '표본실의 청개구리'를 쓴 소설가 염상섭은 편집국장을 맡았다. 잠시 경향신문이 창간 초기부터 이어온 단평 칼럼 '여적'의 약사를 정리하면서 써낸 글 중 일부를 정리해보자. 여적(餘滴). 글을 다 쓰거나 그림을 다 그리고 난 뒤에 남은 먹물이란 뜻이다. 여적은 그래서 60년 넘은 세월을 경향신문의 이름으로 살았던 논객들의 고매한 정신이 담긴 뒤풀이 글이자 용의 그림에 마지막 먹물을 찍듯 정리하는 촌철살인의 글이다. 여적은 경향신문의 산 역사요, 증인이다. 이 단평 칼럼이 지금까지 이어져 내려온 이유도 여기에 있다. 여적이 탄생한 배경에는 시인 정지용이 있다. 그는 1946년 10월 창간사원 51명 가운데 편집진 22명 중 한 명이었다. 당시 직함은 논설주간. 그는 창간호부터 여적을 쓰기 시작해 10개월간을 이어갔다. 언론인 정지용은 45년 이화여전 교수로 한국어와 라틴어 강의를 하다 47년 이화여대 교수로 복직하기 전까지 경향신문 논설주간을 맡아 사설과 함께 여적을 집필했다. 여적 창간호에서 밝힌 그의 집필방향은 하나의 지침이 되었다. '여적이 명장의 화룡점정이라면 너무 자화자

찬하는 것일지 모른다'고 전제한 그는 '뼈에 맺힌 시름에서 절어 나온 눈물방울처럼 쓸모 있을 것이며, 입안에서 씹고 씹은 침방울처럼 청량제도 될 것'이라고 밝혔다. 정지용의 여적 쓰기는 그가 경향신문을 떠나기 전까지 계속된다. 1946년 10월 창간한 이후 1947년 7월 9일 대규모 인사이동으로 주간 정지용과 편집국장 염상섭이 물러나기 직전인 6월까지 정상적인 여적 집필은 계속됐다. 여적은 7월 1일자로 중단되었다가 연재되고, 또 중단되었다 연재되기를 몇 번에 걸쳐 반복한다. 특히 이 책에서는 정지용 시인 이후 여적이 1년 이상 연재되지 못한 적이 있는데 아마도 적당한 필자가 없었음을 보여주는 것이라고 술회한다. 정지용의 가치를 판단할 수 있는 자료는 또 있다. 경향신문 창간 이후 여적만을 전담해 집필한 논설위원은 딱 두 사람이었다. 정지용과 이어령 전 문화부장관. 정지용은 창간 당시 월봉 5천500원에 직책수당으로 1천500원을 받았다. 편집국장이 월봉 5천500원에 직책수당 1천원이었고, 부장 이상이 4천700원이었다. 당시는 금 한 돈쭝에 970원, 쇠고기 한 근에 90원 하던 시절이었다. 경향신문이 '여적'이라는 장수 단평 칼럼에 대해 소개하고 후일담을 책으로 풀어낼 수 있도록 첫 단추를 꿴 인물이 다름아닌 정지용이라는 것이 책에 관심을 갖게 된 이유다. 여적 소개와 함께 우리나라 언론사의 일단과 정치사, 사회경제적 사건 등을 함께 다루고 있어 재미있게 역사 공부를 할 수 있는 기회도 된다. 우리 고장에서 태어나 우리나라 언론계에 뚜렷한 발자취를 남긴 인사들은 이미 알려진 대로 항일 독립운동가이자 초창기 언론인의 길을 걸었던 유정 조동호 선생에다 '향수'의 시인 정지용, 그리고 현대 언론민주화운동의 산증인인 송건호 선생 등을 꼽을 수 있다. 우리 언론사에서 이들의 크기가 만만치 않을 뿐 아니라 후배들에게 전하는 올곧은 언론정신은 지금 들여다봐도 그대로 관통하는 시대정신으로 흐른다. 언론인 정지용의 1946년 10월 7일자 경향신문 2호 '여적'의 마무리 부분을 옮긴다.

> '~▼오른눈을 감고 왼쪽으로만 걸어보자, 어디로 가나? 왼눈을 감고 오른쪽으로만 가보자, 어디로 가나? 눈이 좌우로 달린 것이 좌우를 보살피며 앞을 보고 나가라는 생리적 원칙인 바에야 구태여 왼쪽으로만 가거나 오른쪽으로만 가라는 것은 아닐 것이다. ▼우리는 모스크바로 가야만 되겠는가? 우리는 워싱턴으로 가야만 되겠는가? ▼'파쇼'는 좌측통행을 시켰었겠다! 데모크라시는 우측통행을 시켰다. 그러나 저러나 우리는 백두산서부터 한라산까지 마주 뚫린 한복판 길을 뚜벅뚜벅 걸어가련다! 이 길이 조선의 길이기 때문이다!'

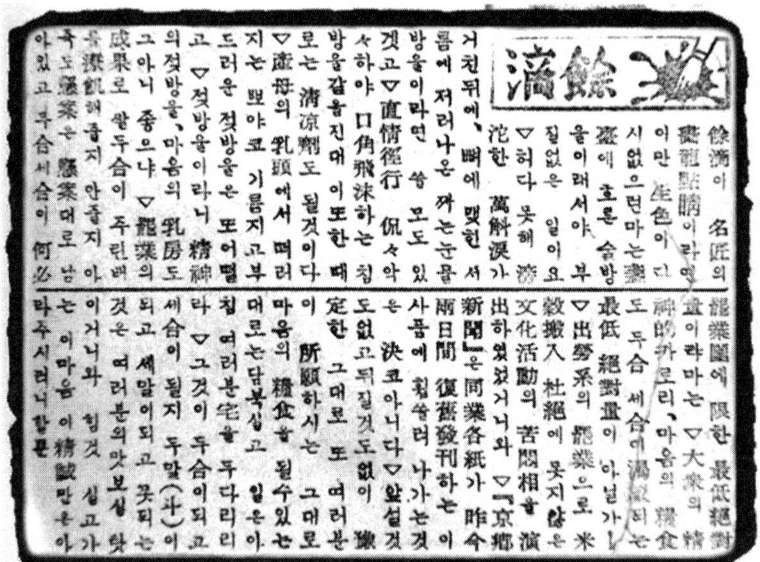
餘滴

餘滴이 名匠의 畫龍點睛이라여 이만 生色이 다시없으면마는 畫蛇에 [illegible] 술방울이래서야 부질없은 일이요 ▽허다 못해 滂沱한 萬斛淚가 거친뒤에, 뼈에 맺힌 서름에 저러나온 짜는 눈물방울이라면 쓸모도 있겠고 ▽直情徑行 侃々악々하야 口角飛沫하는 침방울 같을진대 이또한 때로는 淸涼劑도 될것이다 ▽産母의 乳頭에서 떠러지는 뽀야코 기름지고 부드러운 젖방울은 또 어떨고 ▽젖방울이라니 精神의 젖방울, 마음의 乳房도 그아니 좋으냐 ▽罷業의 成果로 쌀두合이 주린배를 滿飢해줄지 안줄지 아직도 懸案은 懸案대로 남아 있고 두合세合이 何必 罷業圈에 限한 最低絶對量이라마는 ▽大衆의 精神的카로리, 마음의 糧食도 두合 세合에 滿足되는 最低絶對量이 아닐가! ▽出勞系의 罷業으로 米穀搬入 杜絶에 못지않은 文化活動의 苦悶相을 演出하였었거니와 ▽『京鄕新聞』은 同業各紙가 昨今兩日間 復舊發刊하는 이 사품에 휩쓸려 나가는 것은 決코 아니다 ▽앞설것도 없고 뒤질것도 없이 豫定한 그대로 또 여러분이 所願하시는 그대로 마음의 糧食을 될수있는대로는 담북싫고 일은아침 여러분 宅을 두다리리라 ▽그것이 두合이 되고 세合이 될지 두말(斗)이 되고 세말이 되고 꿋되는 것은 여러분의 맛보실 탓이거니와 힘것 싫고가는 이마음이 精誠만은 아라주시려니 할뿐

▲ 정지용 선생이 논설주간으로 참여한 경향신문 창간호 '여적'

4. '20세기 최고의 언론인' 송건호

언론! 진실과 거짓을 가리는 '사회의 목탁'이라고 한다. 정의로운 소통을 꿈꾸며 만들어진 '언론'은 우리나라 현대사에서만큼은 왜곡과 거짓으로 얼룩져 있었다. 그 한 가운데 '송건호'선생은 암흑 언론의 빛과 같은 존재였다. '송건호' 선생은 한국 언론현대사에서 모든 존경과 찬사를 받는 언론인이다. 그는 1975년 동아일보 편집국장 재직시 자유언론실천을 결의한 동아투위 기자 150여 명이 강제 해직되자 사표를 던졌고, 1984년에는 민주언론운동협의회를 만들고 이듬해 월간 '말'지를 창간해 기존언론에서 소외된 도시빈민, 농민, 노동자들의 실상을 다뤘고, 1986년에는 군사정권의 보도지침을 폭로해 '6월 항쟁'의 불씨를 제공하기도 했다. 그는 또, 1988년에 국민주 신문인 '한겨레 신문'을 창간해 우리나라 언론사에 새 역사를 썼다. 1926년 9월 27일 충북 옥천군 군북면 비야리에서 태어난 그는 2001년 12월21일 세상을 뜰 때까지 우리나라 현대 언론사에 많은 족적을 남겼다. 그에게 '한국언론의 사표', '민족지성'이라는 별칭이 따라다니는 것도 다 이 때문이다.

1) 군북면 비야리 출생

청암 송건호 선생은 1926년 음력 9월27일 군북면 증약리 비야골에서 아버지 송재찬과 어머니 박재호의 3남5녀 중 2남으로 태어났다. 부모님은 농사를 지셨고, 1934년(9살) 증약사립보통학교에 입학하기 전에는 집에서 한학을 배웠다. 14살 때 대전으로 가족 전체가 이사를 간다. 15살에 경성한성사립상업학교에 진학하는데, 부친은 왜놈 밑에서 공부는 무슨 공부냐면서 중학교 졸업 후 취직할 것을 권고했다고 한다.

23살이던 1948년에 국립서울대 법과대학에 진학한 송건호 선생은 미군정의 비호 아래 친일반민족세력이 다시 활개를 치고 민족이 두 동강 나는 것을 목격하며 '분단조국에서는 관리가 되지 않겠다'고 결심한다.

2) 대한통신 외신기자에서 동아일보 편집국장까지

대학교에 재학중이던 28살이던 해 1953년 대한통신 기자를 시작으로 언론에 몸담은 이래, 1950년대에 '조선일보', '한국일보', '자유신문' 등의 외신부에 근무했다. 이어 '한국일보' 논설위원(1960), '경향신문' 논설위원 · 편집국장, '조선일보' '동아일보' 논설위원, '동아일보' 편집국장(1974)을 역임한다. 긴급조치로 박정희 유신군사독재정권이 주민들의 입을 봉하고 눈과 귀를 막던 암울한 시절, 1974년 10월24일, 동아일보기자들이 '자유언론 실천선언'을 하자, 이에 독재정권은 광고탄압이라는 방법으로 동아일보에 압력을 가했고, 동아일보 · 방송 경영진은 그 압력에 굴복해 75년 3월17일 자유언론 실천에 앞장섰던 기자, PD, 아나운서 등 150여 명을 회사에서 쫓아냈다. 이 때 당시 동아일보 편집국장이었던 송건호 선생은 "현재의 사태를 수습하는 길은 회사측이 하루빨리 기자들을 복직시키는 것밖에 없다. 그렇지 않으면 동아일보는 역사의 심판을 받을 것"이라며 편집국장을 사임한다.

3) 월간 '말' 창간

선생은 1980년 소위 '김대중내란음모사건'에 연루되어 포고령 위반 혐의로 체포되고 혹독한 고문을 당한 채 서대문 구치소에 수감된다. 출옥 후 선생은 2년여의 옥고에 지친 몸을 추스를 겨를도 없이 84년 해직 언론인들이 중심이 돼 만든 민주언론운동협의회 초대 의장을 맡아 월간 '말'을 발행한다. 86년에는 월간 '말'을 통해 한국 언론의 실상을 알리는 '보도지침'을 폭로해 87년 6월 항쟁의 불씨를 틔웠다. 1986년 9월 민주언론운동협의회가 발행한 '말'지 특집호에는 한국일보 김주언 기자가 폭로한 688건의 보도지침이 실려 그 실체를 처음으로 알렸다. 이후 1987년 9월 9일 명동성당 소강당에서 국내외 기자 10여 명이 참석한 가운데 당시 민주언론운동협의회(현 민주언론운동시민연합) 송건호 의장이 보도지침의 내막을 폭로했다. 이젠 고인이 되신 송 의장의 회견은 보도지침에 의해 국내 언론에는 일절 보도되지 않았다.

4) 국민주 '한겨레신문' 창간

6월항쟁이 끝난 후 청암 송건호 선생은 새 매체의 필요성을 절실히 느껴 지인들을 모아 국민주 신문 〈한겨레〉의 창간에 앞장섰다. 청암은 초대 사장과 고문을 거쳐 94년 현직에서 은퇴했다. 40년에 걸친 그의 언론 활동을 기려 99년 정부는 금관문화훈장을 수여했다.

송건호 선생은 80년의 끔찍한 고문으로 94년부터 2001년까지 8년 동안 온몸이 마비되는 파킨슨증후군으로 투병생활을 한다. 2001년 국민훈장 무궁화장을 받은 송건호 선생은 향년 76세의 나이로 2001년 12월21일 광주 518국립묘지에 안장됐다.

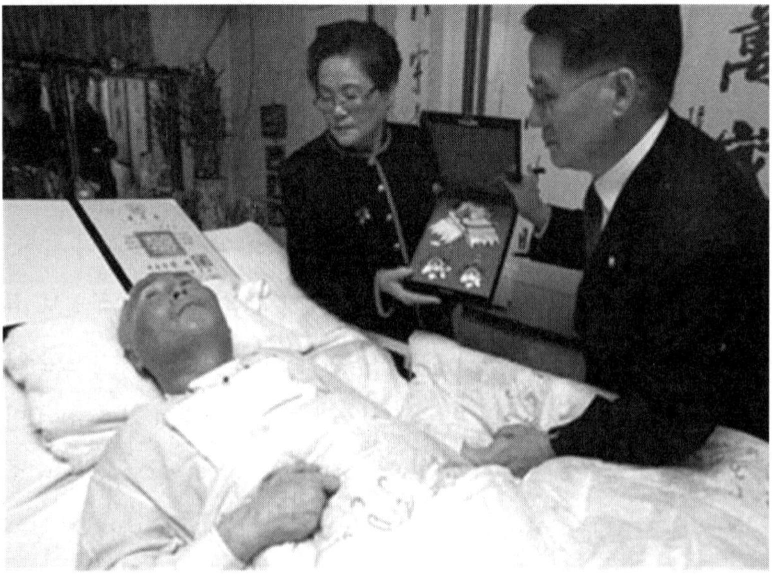

▲ 1999년 투병중에 금관문화훈장을 받은 송건호 선생은 40여년 동안 오직 언론인의 외길을 걸으며 1970~1980년대 군사독재정권에 맞서 언론민주화 운동의 중심에 서왔다.

5) 언론운동가이자, 현대 사상가

기자 시절 역사와 사상 분야에서 학구열을 태웠던 그는 해직 뒤 한국 현대사 연구에 몰두했다. 그가 현대사에 관심을 집중한 것은 '분단극복'과 '평화통일'이라는 민족의 지상과제와 잘못된 현대사를 바로잡기 위해서기도 했다.

"이승만이 친일파들을 감싼 것과 관련이 있더군요. 그러니까 일제

때 잘살던 사람들이 전부 고관이 됐고 돈이 많았기 때문에 사학자들이 눈치만 보고 안 쓰더란 말야. 내가 역사학을 특별히 하려고 한 것이 아니라 단지 사학자들이 해야 할 일을 안했기 때문에 한 겁니다."

이렇게 시작한 현대사 연구는 7~80년대 젊은이들의 정신적 나침반이 된 『해방전후사의 인식』을 비롯해 『한국민족주의의 탐구』, 『한국현대사론』, 『서재필과 이승만』, 『의열단』, 『해방전후사의 재인식』, 『한국현대사』, 『김구』, 『민족통일을 위하여』, 『한국현대언론사』 등 십수 권의 저작이 있다.

03

충청의 정치표현: 역대 국회의원 선거 정치 슬로건

03

충청의 정치표현: 역대 국회의원 선거 정치 슬로건[1]

이재현(배재대학교)

1. 들어가며

충청지역 특유의 정치가 있었나? 충청지역 특유의 사투리는 있지만 말이다. 이런 말이 나오는 데는 아마도 우리가 수도 서울과 양대 지역주의 맹주인 영남과 호남의 정치적 문법에 너무 매몰되고 익숙해 있기 때문은 아닐까? 상황이 이러한데 충청지역의 정치커뮤니케이션을 이야기 한다는 것은 쌀도 씻지 않았는데 밥을 먹자는 이야기처럼 들린다. 그러나 시간을 조금 뒤로 돌려보면 충청지역에도 충청의 정치(충청 지역주의와 같은)가 있었다. 따라서 그에 상응한 충청의 정치 커뮤

1 이 글은 부경대학교 지방분권발전연구소, 『지역과 정치』 제6권 제2호(2023)에 게재된 "지역발전과 국회의원 선거 슬로건의 변화: 충청지역 제7~21대 총선을 중심으로" 논문을 수정 및 보완한 글입니다.

니케이션이 존재했을 수 있고 적어도 정치 커뮤니케이션은 지금도 작동하는 진행형일 수 있는 것이다. 그렇다면, 관건은 충청지역의 정치 커뮤니케이션을 무엇으로 읽어내고 그 변화를 추적하여 우리에게 필요한 시사점을 찾는가이다.

그동안의 정치 커뮤니케이션 연구는 미디어와 SNS를 중심으로 매우 활발하게 진행되고 있다. 어찌보면 선거벽보 슬로건에 대한 연구는 매우 진부하게 느껴질 수 있다. 그러나 정치인이 선거과정에서 가장 핵심가치를 표현하는 슬로건은 기본적이면서 중요한 정치적 메시지를 담고 있다. 그리고 무엇보다 정치 커뮤니케이션의 변화를 통시적으로 관찰하여 그 특징을 살펴보려 한다면 선거벽보의 슬로건은 유용한 분석대상이 될 수 있다. 지금처럼 미디어와 SNS가 잘 발달되어 있지 않았던 과거 역대 슬로건과 동일한 매체와 수단으로 비교·측정이 가능하기 때문이다. 그러나 선거벽보의 선거 슬로건에 대한 연구는 기대만큼 많이 찾아볼 수 없다. 그나마 있는 연구도 대통령 선거에 집중되어 있다(이준일 1993; 정동환 2018; 홍득표 2012; 박상희 2022). 그 이유는 대통령 선거의 슬로건이 가장 함축적이고 해당 정당과 후보자를 가장 잘 대표하는 자료이기 때문일 것이다. 아울러 분석자료가 다른 선거(국회의원 선거, 지방선거 등)에 비해 그 수가 적고 명확하게 수집이 가능한 분석자료 수집의 용이함 때문일 수도 있다.

사실, 대통령 선거보다 지역의 정서를 잘 반영하여 전달할 수 있는 선거가 국회의원 선거인데, 이를 역대 국회의원 선거를 주제로 한 연구도 많지 않다. 있다면 특정 시기에 전국적 차원에서 고찰하는 연구가 대부분이다(이희복 2017; 김병대 2020). 다시 말해서 대통령 선거는 역대 선거를 중심으로 통시적으로 분석해온 연구는 있지만 지역의 메시지를 구분 및 확인하기 어렵고, 국회의원 선거는 자료 구득의 방대함으로 인해 특정 시기에 한정된 논의에 그치고 있는 것이다.

따라서 우리는 충청지역 역대 선거의 역사와 함께 그 순간 승리한 슬로건들을 중심으로, 전에도 존재했고 앞으로도 존재할 충청지역의 정치커뮤니케이션을 찾고 그 의미를 되새겨 보려 한다.

2. 슬로건의 선거정치와 충청지역 선거의 의미

1) 선거정치와 슬로건(slogan)의 힘

대의 민주주의 체제에서 선거정치는 정치인과 유권자를 잇는 가교 역할을 하며, 이때 정치 커뮤니케이션은 필수적이다. 모든 선거정치는 지역의 유권자를 대상으로 하며, 지역의 이슈를 포함한 정치적 의제를 기반으로 진행된다. 따라서 정치인은 지역사회의 유권자에게 국가적 차원에서부터 지역적 차원, 그리고 개인적 차원에 이르기까지 다양한 정치적 언어로 소통한다. 다시 말해서 선거정치에 가장 많이 그리고 중요하게 활용된 것이 슬로건(slogan)인 것이다.

한국 유권자들은 정당을 기준으로 자신의 선호를 규정하는 정당일체감에 더하여 지역주의에 기반하여 투표한다고 알려져 있다.

정당일체감(Party identification)
자신이 선호하는 정당과 자신을 동일화하는 마음으로 당파성과 밀접한 관계에 있다. 사회화 과정을 통해 형성되는 특정 정당에 대한 심리적 귀속감(psychological attachment)을 의미하며, 시간이 지남에 따라 그 강도와 안정성 면에서 공고화되는 특징이 있다.

그러나 유권자가 후보자에 대해 판단하고 기억하기 위해서 그 후보를 가장 대표할 수 있는 수사학적 표현인 슬로건이 자리하고 있음을 부정하기 어렵다. 슬로건은 선거과정에서 정치인이 유권자들과 소통하는 매우 강력한 메시지인 동시에 정치 커뮤니케이션의 집약체라고 할 수 있다. 대통령 선거과정에서 '슬로건의 정치학'이라는 말이 나오는 이유이다. 다른 한편으로, 선거에 사용되는 슬로건은 카피라이팅의 일종이다. 즉, 후보자의 가치를 표현하고 소구하는 광고문구인 것이다. 그 광고를 소비하는 사람은 당연히 유권자들일 것이다. 따라서 정치슬로건은 단순히 멋진 말이 아닌 고도의 마케팅 전략이다. 정치후보자라는 상품 자체의 기능을 내세울 것인가, 아니면 그 상품을 포장하고 있는 브랜드(예를 들어 정당)를 내세울 것인가라는 전략적인 판단이 함축되어 있는 것이다.

슬로건은 '슬로곤'(slogorn)이라는 스코틀랜드어에서 왔다. '군대'와 '함성'이라는 뜻이 섞여 있다. 슬로건은 선거의 전부가 아니지만 꽤 쓸모 있는 무기가 된다. 여당으로부터 권력을 되찾아야 하는 야당의 입장에서는 더욱 그렇다. 시골의 아칸소주 주지사 출신 빌 클린턴이 이길 가능성이 낮아 보였던 1992년 미국 대통령 선거에서 민주당을 승리로 이끌었던 슬로건 '문제는 경제야, 바보야!'(It's economy, stupid)는 지금도 회자되고 있다. 한국 대통령 선거에서 슬로건이 등장한 것은 1956년 제3대 대선 때다. 민주당 신익희 대통령 · 장면 부통령 후보가 내세운 '못살겠다 갈아보자'는 강렬했다. 이승만 대통령과 자유당 독재에 염증을 느끼던 국민들은 폭발적으로 반응했다. 자유당은 '갈아봤자 별 수 없다' '구관이 명관이다' 등으로 맞불을 놓았지만 민심은 외면했다. 그러나 신익희 후보가 유세 중 사망하면서 이승만은 3선에 성공했다. 이후에도 대선 때마다 슬로건은 등장했다. 본격적인 슬로건 경쟁이 시작된 건 1987년 직선제 이후다. 당시 민정당 노태우 후보는 '보통사람의 시대'를, 통일민주당 김영삼 후보는 '군정종식'을, 평화민주당 김대중 후보는 '평화와 화합의 시대'를 슬로건으로 내걸었고, 유권자들은 '보통사람' 노태우를 선택했다. 이어 1992년 제14대 대선에선 민자당 김영삼 후보가 개혁과 안정을 내세운 '신한국창조'로 대통령이 됐고, 1997년 제15대 대선에선 김대중 후보가 '준비된 대통령'을 슬로건으로 3번 도전 끝에 청와대에 입성했다. 제16대 대선이 실시된 2002년엔 민주당 노무현 후보가 '새로운 대한민국'을 표방하며 '나라다운 나라'를 내세운 이회창 후보를 눌러 대역전극을 썼다. 2007년 이명박 후보는 '실천하는 경제대통령'을, 2012년 박근혜 후보는 '준비된 여성대통령'을 슬로건으로 내세워 당선됐다. 물론 슬로건대로 국정이 운영되지 않고 구호로 그친 경우도 많았지만 그 당시엔 유권자의 마음을 크게 움직였다. 제19대 대선에서도 후보들은 저마다 슬로건에 정치철학과 시대정신을 담았다. '나라를 나라답게, 든든한 대통령'(더불어민주당 문재인), '당당한 서민 대통령'(자유한국당 홍준표), '국민이 이긴다'(국민의당 안철수), '보수의 새희망'(바른정당 유승민), '노동이 당당한 나라'(정의당 심상정) 등이 주요 후보가 내건 슬로건이다.

그렇다면, 충청지역의 선거정치에서 슬로건의 힘을 알아보려면 어떻게 해야 할까? 대통령 선거와 국회의원 선거(총선)는 지지를 호소하는 목표집단과 권력의 주체(행정부 권력-입법부 권력)가 다르다. 따라서 해당 지역의 이슈 또는 해당 지역 유권자의 희망에 소구해야 하는 국회의원 선거는 대통령 선거보다 더 구체적이고 현실적인 정치적 커뮤니케이션이 필요한 선거라고 할 수 있다. 그렇다면 우리는 충청지역의 정치 커뮤니케이션을 총선 슬로건으로 살펴볼 수 있지 않을까? 하지만 그 물음에 답을 찾아 나서기 전에 근본적인 질문 하나가 앞에 우리 앞에 가로놓여 있다. 왜? 충청지역인가라는 물음이다. 뭣이 중헌디? 충청지역이 무엇이 중요하길래인가 말이다.

2) 왜 충청지역 선거정치인가?

충청지역은 한국 선거에서 캐스팅 보트(casting vote) 지역으로 잘 알려져 있다. 이른바 충청지역의 표심이 한국 선거정치의 지형을 결정짓는 중요한 지역인 것이다.

> **캐스팅 보트(casting vote)**
> 사전적 의미로는 어떤 안건을 표결에 부쳤을 때 찬성과 반대표 숫자가 같을 경우 의장이 행사하는 결정권(표)이다. 일반적으로 선거에서 승패를 좌우할 수 있는 결정적인 유권자의 투표행위 또는 투표의 영향력을 의미한다.

충청지역은 영·호남 지역주의 대결 구도 하에서는 캐스팅 보트를 행사해 오다가, 최근 들어서는 전체 선거 결과를 가장 잘 대표해 주는 바로미터(barometer)의 역할을 하고 있다(김욱·이재현 2020). 이는 충청지역 유권자가 한국 유권자를 가장 잘 대표하면서 한국 선거정치의 민주적 대표성에 기여하고 있음을 시사한다. 그런데 이러한 충청지역의 전국 대표성은 충청 유권자의 인구 구성 및 문화적 특성에 충청 지역주의의 특성인 유연성과 가변성이 결합되어 나타난다고 볼 수 있다.

1987년과 1988년 충청지역에 불었던 지역주의의 바람은 3당 합당과 이에 따른 JP(김종필)의 대통령 선거 불출마로 잦아들었으나, 1995년 자유민주연합, 2006년 국민중심당, 2008년 자유선진당을 거치면서 성장과 쇠퇴를 반복해 왔으며, 2012년 10월 새누리당에 합당되었다. 1996년부터 2012년까지 선거정치에서 이들 충청지역정당이 받은 성적표는 아래 〈표 1〉과 같다.

<표 1> 제15대~제20대 총선에서 충청지역 기반정당의 경쟁력 추이(%, 점)

		집권 여당	제1 야당	충청 지역 정당	기타 정당	여당-1야당	여당-충청 지역 기반 정당	강도
1996년 (15대)		신한국당	국민회의	자민련	민주당			
	대전	21.4	11.4	49.8	12.6	0.305	-0.399	강
	충남	28.9	6.1	51.2	7.9	0.651	-0.278	
	충북	31.5	8.9	39.4	8.9	0.559	-0.111	
2000년 (16대)		한나라당	민주당	자민련	민국당			
	대전	23.3	28.4	34.3	0.9	-0.099	-0.191	중
	충남	17.4	30	39.2	1.1	-0.266	-0.385	
	충북	30.6	31.3	29.5	0.7	-0.011	0.018	
2004년 (17대)		열린 우리당	한나라당	자민련	민주당			
	대전	45.8	22.4	22.1	3.2	0.343	0.349	약
	충남	38.8	15.8	33.7	3.6	0.421	0.070	
	충북	50.5	32.6	9.2	1.0	0.215	0.692	
2008년 (18대)		한나라당	통합 민주당	자유 선진당	민주 노동당			
	대전	24.48	18.38	33.93	3.83	0.142	-0.162	중
	충남	26.40	13.18	36.77	4.58	0.334	-0.164	
	충북	33.43	23.47	13.49	5.59	0.175	0.425	
2012년 (19대)		새누리당	민주 통합당	자유 선진당	통합 진보당			
	대전	33.77	33.17	17.65	8.90	0.009	0.313	약
	충남	35.37	29.41	19.72	6.61	0.092	0.284	
	충북	42.57	35.00	5.16	7.49	0.098	0.784	
	세종	26.70	37.21	21.73	5.16	-0.164	0.103	
2016년 (20대)		새누리당	더불어 민주당	국민의당	정의당	여당-1야당		
	대전	30.28	27.58	26.55	7.41	0.047	-	멸
	충남	35.53	26.03	21.67	5.40	0.154	-	
	충북	37.23	26.59	20.67	5.45	0.167	-	
	세종	28.63	28.47	26.58	8.85	0.003	-	

〈표 1〉에서 강도는 충청지역 기반정당의 선거정치 경쟁력을 나타낸 것이다. 선거경쟁도는 (1위정당-2위정당)÷(1위정당+2위정당)으로 계산된다. 이를 응용하여 충청권 지역정당의 경쟁도와 그에 대한 경쟁력을 계산하면 (여당-충청지역정당)÷(여당+충청지역정당)으로 계산될 수 있다. 계산결과가 (-)의 부호를 보인다는 것은 그 지역에서 더 많은 지지를 받고 있음을 의미하고, 그 수치가 상대적으로 크다는 것은 지지도가 박빙이 아닌 큰 차이로 지지하고 있음을 의미한다. 따라서 충청지역에 자민련이 출범한 1995년 이후 첫 총선인 1996년 제15대 총선에서 자민련은 강한 경쟁력을 가졌고, 2000년 제16대 총선에서 충북지역이 자민련 지지가 약해졌으며, 급기야 2004년 제17대 총선에서는 당시 집권여당인 열린우리당의 지지를 능가하지 못하는 결과를 보였다. 이에 대해 김욱(2007)은 제15대 총선을 충청 지역주의의 전성기로 규정하였고, 제16대와 제17대 총선을 충청 지역주의의 약화 및 변화의 시기로 규정하였다. 이러한 시각에서 보면 충청 지역주의는 결과적으로 자유선진당이 2012년 10월 대선정국 속에서 새누리당으로 통합되어 충청권 지역기반 정당이 사실상 존재하지 않게 되었다. 역대 총선에서 충청지역 기반 정당에 대한 지지율에서 보아도 알 수 있듯이 총선과정에서 충청지역주의는 부침(浮沈)을 거듭해 왔다.

그렇다면 그동안 충청지역에서 사용된 정치적 표현으로써 슬로건은 어떠한 변화를 보여왔을까? 100분의 연설이나 1,000명의 선거운동원보다 낫다는 슬로건이 충청지역에 그동안 무엇을 어떻게 이야기 해왔는지 궁금하지 않을 수 없다. 역대 총선을 통시적으로 살펴보면서 충청지역의 슬로건의 면면을 살펴본다면 과거를 지나서 현재를 거쳐 미래를 향한 충청지역의 정치커뮤니케이션이 무엇을 담아내야 하는지 알 수 있지 않을까?

3. 역대 국회의원 선거와 충청지역 선거 정치 슬로건

1) 민주화 이전: 제7대~제12대(3·4·5 공화국)

제7대 총선(1967.06.08.)에서 충청지역의 슬로건은 매우 획일적이고 분명했다. 여당인 민주공화당은 국가발전을 위해 박정희 대통령이 일할 수 있도록 민주공화당을 적극 지지해야 한다는 메시지와 함께 내 고장의 발전을 위해 일하겠다고 하였다. 반면에 제1야당인 신민당은 통합야당을 지지해서 1당 독재를 막아내야 한다는 메시지를 유권자에게 전달하였다. 결과적으로, 충청지역은 총 21개 지역구 의석 중에서 충남지역에서만 2명의 야당(신민당) 출신 후보가 당선되었다. 충청지역은 충남 일부를 제외하고 여당의 메시지(대통령 국정추진 및 내고장 발전)에 반응한 것이다. 그렇지만 박병배 후보가 당시 대전시(제1지역구)에서 신민당으로 출마해 당선되어 여촌야도 현상을 작게나마 엿볼 수 있다. 또 하나 흥미로운 점은 충남지역 서천 · 보령(제6선거구)에서 재검표를 통해 여당후보(민주공화당 이원장) 승리에서 야당후보(신민당 김옥선) 승리로 선거결과가 뒤집히는 사건이 발생했고, 그것도 충청권 첫 여성 국회의원이라는 점이다. 여당의 압승으로 총선이 끝났지만 박정희 정권의 부정선거에 대한 불만과 비판적 여론이 더욱 커지자 1967년 7월 8일 국가정보기관인 중앙정보부는 충청지역 출신(충남 홍성군)의 세계적인 예술가 이응노 화백을 포함한 34명을 간첩으로 몰아 압송하는 이른바 '동백림 사건(동베를린 사건)'을 조작하고 발표하기도 했다.

第8대 총선(1971.05.25.)에서 박정희 정권의 장기집권을 저지하기 위한 민심은 충청지역에서는 크게 작용하지 않았다. 여당인 민주공화당이 19석(73.9%)을 차지하여 친여당적인 특징을 보였기 때문이다. 그럼에도 충청지역에서는 지난 제7대 총선 슬로건에서 찾아보기 어려운 다양한 메시지가 유권자들에게 전달되었다. 지난 제7대 총선에서 여촌야도 현상이 엿보였던 제1지역구(대전시)에서 박병배 후보가 나라운명 바로잡기 위한 재선 메시지와 정책의 정당인 신민당을 강조하면서 당선되었다. 그 밖에 신민당 후보들은 중의적 표현으로 2번에는(이번에는) 신민당, 장기집권 썩은정치, 부패독재 분쇄, 농민아들 강조, 농민 · 노동자 · 중소상공인의 단어를 사용하여 유권자들에게 호소하였다. 반면에 여당인 민주공화당은 야당보다 더욱 다양하고 해당 지역에 대한 소구전략을 사용하였다. 처음으로 '대전', '부여', '서천', '금산'이라는 지역명을 사용한 지역발전을 강조하였다. 그리고 '일꾼', '부려보자' '황소같이' 등의 표현이 등장하였다.

제9대 총선(1973.02.27.)은 유신체제하에서 치러진 첫 총선으로 중선거구제도가 도입되어 무소속 출마자들이 허용되었다. 특히 전국에 덕망 있는 인사와 각계 직능대표를 선발해 국회로 보낸다는 취지로 유신정우회(유정회)가 대통령 추천 인사로 국회(231석 중 77석)에 무혈입성하는 편법이 자행되었다.

유신정우회(維新政友會)
제4공화국 때 설립되었던 국회 내의 국회의원 단체.
1972년 유신헌법에 따라 국회의원 정수의 3분의 1에 해당하는 수의 국회의원을 대통령이 추천하면 통일주체국민회의가 승인 선출된 국회의원들이 만든 단체라는 점에서 박정희 정권과 유신체제를 정치적으로 뒷받침하기 위하여 국회내 다수 여당을 만들기 위해 조직된 단체라고 할 수 있다.

이는 대통령이 입법부를 장악하여 권력의 견제와 균형을 위한 삼권분립제도를 무너뜨리는 것이다. 이러한 제도와 분위기 속에서 충청지역은 여당(민주공화당)이 22석 중 11석으로 절반이 당선되었고, 신민당 8석, 무소속 3석이 당선되었다. 지난 제8대 총선과는 달리 지역명에 대해 언급한 당선인은 없었고, 지역발전에 대한 약속을 주장한 당선인도 적었다. 조사과정에서 다른 역대 선거자료 중에서 슬로건 자료를 가장 구득하기 어려웠고, 벽보가 아닌 공보물을 통해 후보자들의 슬로건을 정리할 수 있었다. 여당인 민주공화당은 '번영과 통일'이라는 획일적이고 조직적인 슬로건을 통해 유권자에게 호소한 반면, 야당인 신민당의 경우는 민주주의 살려내자는 취지와 변함없는 전통야당, 당면투쟁 목표로서 민주질서 · 통일문제 · 사회악 근절 · 경제정책 · 복지사회 등을 강조하였고, 무소속 당선자의 경우 '약한자의 편' '행동과 비판의 자유' 등을 강조하였다. 따라서 충청지역 제9대 총선은 지역특성이 가장 반영되지 않은 정치구호와 유신체제하에서 야당의 정권교체에 대한 호소가 극명하게 나타난 선거라고 할 수 있다.

제10대 총선(1978.12.12.)에서 충청지역의 선거결과는 여당(민주공화당)이 과반을 넘지 못하는 22명 중 10명이 당선되어 전국적인 상황과 비슷한 결과를 보였다. 이 과정에서 민주공화당은 '민주공화당 다시밀어 쉬지말고 전진하자'라는 다소 군대스러운 슬로건이 등장했고, 신민당은 '공화 위에 재벌 있고, 신민(新民) 위에 서민 있다'라는 슬로건으로 유권자를 향해 소구했는데, 충청지역은 이러한 전국적인 정당차원의 슬로건에 더하여 지역관련 슬로건을 보태거나 유신체제 하에서 왜곡되었던 선거결과를 향한 통렬한 비판의 메시지를 담은 '진짜민심', '참된민심', '본때' 등을 사용하였다. 그리고 대전시의 경우 민주공화당의 공통적 슬로건에 더하여 '전국체전 대전개최에 1백억원을 투입시켜 대전발전을 10년 앞당기겠습니다'라는 메시지는 이전에는 볼 수 없었던 지역발전에 대한 매우 구체적인 메시지라는 점이 특기할 만하고 같은 대전지역구의 무소속 당선자는 '도대체 누구를 위한 대전인가? 민주시민의 본때를 보이자'라는 슬로건으로 도시민의 여촌야도 현상을 자극하는 사례도 있었다.

제11대 총선(1981.03.25.)에서 충청지역의 경우, 24개 지역구 의석 중에서 민주정의당이 12석을 차지하고 신민당 출신인사들의 민주한국당이 6석, 박정희 지지세력의 한국국민당 5석, 무소속 1석이 되었다. 선거결과는 민정당의 전체 의석결과와 유사한 50%를 차지했지만, 과거 박정희 지지세력의 한국국민당까지포함하면 친여당적 성격을 보인 셈이다. 제3공화국의 제7대 총선에서 "박대통령 일하게"라는 슬로건처럼 5공화국이 시작된 제11대 선거에서도 "대통령 일하게"라는 슬로건이 여당인 민정당에서 유권자를 향해 강조되었다. 여기에 더하여 여당은 '안정', '경제성장', '안보'에 대한 메시지를 공통적으로 강조하면서 '우리고장 발전', '충남의 아들', '충남의 일꾼' 등 후보자들의 개인적인 슬로건을 추가 강조했다. 반면에 야권인 신민당 출신의 정당 민주한국당은 과거 선거 슬로건처럼 '진짜야당', '참된민심', '이것저것 다봤다' 등 여권 비판의 목소리에 더하여 '신의', '용기' 등의 단어로 개인적인 슬로건을 사용하였다.

제12대 총선(1985.02.12.)에서 충청지역의 경우, 여당인 민주정의당이 지난 제11대 총선과 같이 12석(50%)을 차지했고, 새로운 대안정당 신한민주당이 6석(25%), 민주한국당 5석(20.8%), 박정희 정권 지지세력인 한국국민당 1석의 결과가 나타났다. 충청지역은 의석 수 상으로 보면, 절반(24석 중 12석)의 여당지지라는 점에서 직전 제11대 총선과 매우 유사한 양상을 보였다. 차이점이라면 과거 박정희 정권 출신의 한국국민당이 1석으로 크게 위축되었다는 점이다. 이런 가운데, 충청지역의 슬로건은 여당인 민주정의당의 경우 '민족', '나라안정', '번영', '도약' 등 국가적 차원의 발전과 비전의 메시지에 더하여, '실적', '대전발전', '도청유치', '충남의 대들보', '일꾼' 등의 구체적이고 지역발전을 포함한 메시지를 강조하였다. 반면에 야권인 민주한국당과 대안 정당으로 출범한 야당 신한민주당은 '민주화', '문민정치', '진짜야당', '진짜민심', '정권교체' 등을 슬로건의 단어로 내걸었다.

2) 민주화 이후: 제13대~제21대(6공화국)

제13대 총선(1988.04.26.)은 대한민국 최초의 여소야대(與小野大) 국회 구성으로 기록된 선거이다.

여소야대(與小野大)
국가에서 행정부의 다수인 정당과 입법부의 다수인 정당이 일치하지 않는 상태를 지칭하며 분점정부(分占政府, Divided Government)라고도 한다.
의회에서 여당의 국회의원 수보다 야당의 국회의원 수가 많은 경우를 나타내며, 정치적으로는 의회에서 야당이 다수를 차지함으로써 대통령의 행정부와 여당 주도의 국정운영이 안되고 야당 주도의 정국이 되는 것을 말한다.

1987년 '1노 3김'의 2차전 성격인 제13대 총선은 초반부터 각자의 연고지역을 중심으로 치열하게 치러졌다. 노태우의 민주정의당은 TK(대구, 경북) · 강원을 중심으로, 김영삼의 통일민주당은 PK(경남, 부산)를 중심으로, 김대중의 평화민주당은 호남권(전라도)을 중심으로, 김종필의 신민주공화당은 충청권을 중심으로 그 지지기반을 삼고 있었다. 선거결과 민주정의당은 125석(지역구 87석, 전국구 38석)으로 제1당이 되지만 과반 의석을 확보하지 못했다. 평화민주당은 호남지역의 압도적 지지로 70석(지역구 54석, 전국구 16석)으로 제1야당이 되었다. 통일민주당은 59석(지역구 46석, 전국구 13석)을 차지했고, 충청지역 기반인 신민주공화당은 35석(지역구 27석, 전국구 8석)을 차지해 원내교섭단체를 구성하게 되었다. 이로써 전체 의석 299석 중 과반인 150석에 크게 못 미친 여당의 125석은 대한민국 최초의 여소야대 국회가 탄생했다. 이렇게 여소야대 정국이 된 이유는 충청지역 기반의 정당인 신민주공화당이 출현했기 때문이라고 할 수 있다. 충청지역은 민주화 이후 지역주의에 기반하여 전국의 정치지형을 바꿀 수 있는 스윙보터(swing voter)로 자리매김하게 되었다. 그렇다면 충청지역의 선거결과와 정치 슬로건은 어떠할까? 선거결과는 27석 중 15석을 신민주공화당이 차지했고,

여당인 민주정의당은 9석(충남 2, 충북 7), 통일민주당 2석, 무소속 1석을 기록했다. 슬로건은 여당인 민주정의당의 경우 과거 여당들 슬로건처럼 집권 대통령의 국정추진을 위한 슬로건이 아닌 지역발전에 초점을 두어 서해안시대, 새시대, 큰 머슴, 일꾼 등을 강조한 메시지를 유권자에게 전달했다. 충청지역에서 강한 지지세를 보인 신민주공화당은 '이번에는 공화당!'이라는 공통적인 슬로건하에 '충청인', '공주의 자존심', '부여의 자랑', '금산의 인삼' 등 특정지역을 강조하여 유권자에게 소구하면서 지난 대선에 출마했던 김종필의 이름도 슬로건으로 활용하기도 했다. 1987년 민주화 이후 치러진 첫 선거라는 점에서 정권교체나 정권심판의 메시지는 찾아보기 어렵고 충청지역의 유권자에게 지역발전과 충청지역기반의 정당인 '공화당(신민주공화당)'을 강조한 것이 특징적이다.

제14대 총선(1992.03.24.)에서 충청지역의 선거결과는 전체 28석 중에서 여당인 민주자유당 14석(50%)으로 절반 의석을 확보했고, 그 다음으로 통일국민당 6석(21.4%), 민주당 4석(14.3%), 무소속 4석으로 나타났다. 슬로건의 경우, 여당인 민주자유당은 지역명을 활용('자랑스러운 대천 · 보령', '부여발전', '새 제천' 등)하면서 지역발전과 국가번영을 내걸었다. 통일국민당의 후보자의 경우는 '금산위해 뽑아주자'라는 슬로건과 '당진의 내일'이라는 지역명을 활용하였고 이외에는 '사필귀정(事必歸正)', '희망', '미래', '더불어 사는 사회' 등의 표현으로 유권자들에게 호소했다. 민주당은 '진짜일꾼', '큰 인물', '새 지도자', '통합야당' 등을 강조하였다. 제14대 총선부터 충청지역은 대전직할시를 새로운 지역으로 구분하기 시작했다. 대전지역은 여당인 민주자유당은 1석에 그친 반면 민주당과 무소속이 각각 2석씩 차지하였는데, 슬로건은 '한밭'이라는 지역명과 '2000년대'라는 표현이 특징적이었다.

제15대 총선(1996.04.11.)에서 선거결과는 민주자유당에서 신한국당으로 당명을 바꾼 여당이 139석으로 제1당이 되었지만 과반확보에 실패하고, 김대중의 새정치국민회의도 79석 확보에 그친 가운데 충청지역 기반정당인 자민련은 충청지역에서 압도적 지지를 얻어 50석을 확보하였다.

충청지역에서 활용한 슬로건은 청양을 제외하고 자민련이 모두 석권한 충남의 경우는 '충청인의 단결', '의지를 모읍시다', '충청인의 자존심', '공주의 지주목', '보령 2000건설', '아산인' 등 충청지역과 지역의 단결을 강조한 문구가 두드러졌다. 충남에서 1석을 차지한 여당인 신한국당의 경우는 '이완구와 함께, 청양 · 홍성을 살립시다'라는 슬로건으로 후보 이름과 지역명을 강조하였다. 흥미로운 점은 MBC아나운서 출신인 변웅전은 '핫바지라 몰아붙인 문민독재 끝장내자'라는 슬로건으로 충청지역 홀대론을 자극시켜 당선된 첫 사례가 되었다. 대전은 자민련이 7석 모두 차지하였는데, '21세기 대전 중흥', '동구민', '새로운 유성', '유성의 자존심', '충청의 큰 아들', '잘 사는 대전' 등 대부분이 해당 지역명을 활용한 슬로건을 내걸었다. 충북의 경우는 총 8석 중에서 자민련 5석, 신한국당 2석, 무속속 1석으로 나타났는데, 지역명(충주발전, 청원발전, 과산 · 증평 등)을 활용하여 슬로건을 내걸었고, 자민련 후보 어준선의 경우 '그려! 자민련, 어준선에 동그래미 꾁!'이라는 충청도 사투리를 활용한 슬로건이 흥미롭게 나타났다.

제16대 총선(2000.04.13.)에서 충청지역 선거결과는 총 24석 중에서 자민련 11석, 여당인 새천년민주연합 8석, 한나라당 4석, 희망의한국신당 1석으로 나타났다. 슬로건에서 지역명을 활용한 사례는 '충청의 희망 공주 · 연기의 젊은 에너지', '충청인의 새 시대', '아산 문화 경제', '부여도약', '예산사랑 · 예산발전', '새 충주', '충북경제', '청주경제' 등이 있다. 그 밖에 개인의 전문성을 강조하는 슬로건 문구는 '믿을 수 있는 사람', '젊은 주춧돌', '능력있는', '국정주역', '깨끗하고 일 잘하는', '뚝심있는', '잘하니깐 믿으니깐' 등이 있다. 이런 개인의 능력이나 특징을 부각시키는 경우는 지난 제15대 총선에도 나타난 현상으로 보인다.

제17대 총선(2004.04.15.)에서 충청지역 선거결과는 총 24석 중에서 열린우리당 19석(79.2%), 자민련 4석(16.7%), 한나라당 1석을 확보하여 사실상 열린우리당의 압승이라고 해도 과언이 아니다. 지난 1996년 제15대 총선에서 자민련이 85.7%(총 28석 중 24석)를 차지한 이후 최대이다. 한편 4석에 그친 자민련은 '우리의 선택은 역시! KBS앵커출신 류근찬 / 충청의 대표주자! 보령 서천의 자존심', '고향의 큰 인물 그래도 이인제 / 충청의 자존심', '충청의 희망 대한민국의 리더', '왜 김낙성인가?' 등 인물과 충청의 자존심에 소구하였다. 반면에 압승을 거둔 열린우리당은 '깨끗한 정치', '신행정수도', '청주시대', '새정치', '부패정치 탄핵', '신행정수도 오송유치' 등 감각적이고 지역발전을 직접적으로 소구하는 슬로건을 내걸었다. 특히 이 총선에서는 선거벽보에 후보자의 홈페이지를 함께 활용했다는 점이다(총 24명의 당선자 중에서 자민련 1명, 열린우리당 8명).

제18대 총선(2008.04.09.)에서 충청지역 선거결과는 총 24석 중에서 신생정당 자유선진당이 14석(58.3%)으로 가장 많았고, 통합민주당 8석(33.3%), 여당인 한나라당 1석(충북 제천 · 단양), 무소속 1석(충남 논산 · 계룡 · 금산)으로 나타났다. 슬로건은 자유선진당의 경우 '충청인의 자존심! 자유선진당', '이회창과 함께 하는', '대전의 힘' 등과 함께 해당 지역명을 내세우는 슬로건이 두드러지게 나타났다. 통합민주당의 경우는 '한결같은 사람' 같은 감성에 소구하거나, '검증된 국회의원', '대표 일꾼', '서민의 대변자' 등 개인적인 특징을 강조하였다. 여당인 한나라당 당선자는 '제천 · 단양 발전을 위한 선택'이라는 지역발전을 강조하였다.

제19대 총선(2012.04.11.)에서 충청지역은 2012년 세종특별자치시가 출범하면서 제19대 총선에서 세종지역이 추가되고 1석이 증가되었다. 그러나 지난 제18대 총선에서 충청지역 기반 정당으로서 성장한 자유선진당이 참패에 가까운 성적을 거둔 것이다. 충청지역 슬로건의 경우, 자유선진당 소속 당선자 3명은 '든든한 일꾼 힘있는 아산 / 아산 발전 재선의 힘', '서산 태안을 키울 사람! 태안 서산을 바꿀 사람 / 22년을 이어온 나눔의 약속', '여러분 곁에 항상 큰 일꾼 이인제 / 논산, 금산, 계룡이 키워낸 큰 일꾼' 등 지역명과 변화시킬 일꾼을 강조하였다. 여당인 새누리당은 '박근혜와 함께', '핵심도시', '대통령 만들 사람', '충청의 얼굴', '잘 사는' 등 같은 해 있을 제18대 대선을 의식한 슬로건과 지역발전에 대한 내용의 슬로건을 내걸었다. 이에 대응하여 통합민주당의 경우 'MB정권 심판', '시민이 뽑은 진짜 시민대표', '국회의원의 자격', '한결같은 사람' 등 당시 정권심판 내용의 슬로건과 함께 시민이라는 단어로 유권자에게 소구하였다.

제20대 총선(2016.04.13.)에서 충청지역은 자유선진당의 지난 제19대 총선 참패로 새누리당에 흡수통합되었다. 충청지역을 기반으로 하는 정당이 사라진 것이다. 그리고 지난 제18대 대선이후에 박근혜-문재인의 양강구도가 이어지는 과정에서 충청지역은 지역기반 정당 소멸과 함께 새누리당 혹은 더불어민주당 지지에 대한 선택지만 남은 상황이었다고 할 수 있다. 따라서 총선결과는 지역구 총 27석 중에서 새누리당 14석(51.9%), 더불어민주당 12석(44.4%)으로 양분되는 결과를 보였다. 충청지역 슬로건을 보면, '새누리당 대변인', '국회법사위원장', '접시꽃 당신 담쟁이 시인', '국토교통부 출신' 등 후보 개인의 구체적인 경력을 드러내는 문구가 있었고, 여당 야당을 막론하고 지역발전을 내세웠고, 특히 재선 이상의 경력을 내세워 힘 있는 지역의 일꾼이 필요하다는 슬로건이 눈에 띄었다.

제21대 총선(2020.04.15.)에서 충청지역 선거결과는 어떨까? 지역구 의석 총 28석 중에서 더불어민주당이 20석을 차지하여 71.4%에 달했고, 제1야당인 미래통합당은 8석으로 28.6%를 차지했다. 여당(더불어민주당)의 압승의 결과가 충청지역에서도 나타난 것이다. 특히 대도시 지역인 대전광역시, 세종특별자치시, 충북 청주시에서는 모두 더불어민주당이 차지했다. 충청지역 슬로건의 경우, '대통령이 아끼고', '문재인이 중용한 사람', '여당의 힘' 등 문재인 정부의 후광효과를 자극하는 슬로건이 보인 것 이외에는 전반적으로 해당 지역명을 내세운 지역발전을 내걸은 특징이 보였다. 그 밖에 과거 총선처럼 재선이상의 경력으로 더 큰 선수(選數)로 지역의 발전을 도모하자는 취지의 슬로건도 변함없이 나타났다.

4. 충청지역 역대 국회의원 당선인 슬로건 특징

지금까지 역대 시기별로 총선의 결과와 특징을 알아보고 충청지역의 선거결과와 슬로건을 살펴보았다. 이에 더하여 충청지역 역대 국회의원 당선인들의 슬로건에 나타난 키워드별로 구체적이고 유형별로 알아본다면 충청지역이 역대 선거에서 지금까지 어떠한 키워드로 유권자들에게 소구하였는지 보다 더 명확하게 파악될 수 있을 것이다. 자, 이제 충청지역 유권자들에게 어떠한 커뮤니케이션을 활용했는지 살펴보자.

1) 합리적인 충청유권자! 국가보다는 충청 지역과 나 자신

유형별 특징을 살펴보기 위해서 개인적 특성에 초점을 둔 키워드(이름, 재선이상의 경력 강조, 직업적 경력 강조 등), 지역에 초점을 둔 키워드(해당 지역명, 지역발전 단어표현 등), 국가차원의 발전에 초점을 둔 키워드(대한민국, 한국, 국가발전 등)로 구분하였다. "개인강조" 항목은 첫째, 선거벽보에 기본적으로 위치시키는 이름 이외에 해당후보의 이름을 강조한 경우 카운트하였다. 둘째, 후보가 재선이상을 강조하여 유권자에게 힘있는 지역의 국회의원이 필요함을 강조하는 경우, 그리고 후보의 직업적 경력을 강조하는 경우 카운트하였다. 측정은 카운트된 개수를 총 3개의 소분류 항목이 존재하므로 3으로 나누고 다시 해당 선거시기 당선자 수를 나누어 계산하였다(단, 선거벽보가 누락되거나 없을 경우는 당선인 수에서 제외하였음). "지역강조" 항목은 선거벽보에 첫째, 해당 지역명(ex. 충청-, 충남, 충북, 한밭, 하위 시 · 군 · 구 지역명 등)이나 지역발전이라는 문구와 의미를 표현하고 포함하였다면 카운트하였다. 둘째, 지역발전 관련 문구(ex. 지역, 지역발전, 행정수도 건설과 같은 구체적인 계획명 등)를 포함했다면 카운트하였다. 측정은 카운트된 개수를 총 2개 소분류 항목이므로 2로 나누고 그 값에 다시 해당 선거시기 당선자 수를 나누어 계산하였다(단, 선거벽보가 누락되거나 없을 경우는 당선인 수에서 제외하였음). "국가강조" 항목은 선거벽보에 대한민국, 한국, 국가발전 등의 표현이 있다면 카운트하였고, 카운트된 개수를 해당 선거시기 당선자 수를 나누어 측정하였다(단, 선거벽보가 누락되거나 없을 경우는 당선인 수에서 제외하였음).

민주화 이전에 한국사회가 국가중심적인 사고와 국가발전정책을 도모하는 시기라는 점에서 충청지역의 슬로건도 국가를 강조하는 표현이 주로 나타났다. 〈표 3〉을 보면 3공화국에서 제8대보다 큰 수치로 제7대에 0.9로 나타났고, 유신체제인 제4공화국에서는 제9대(0.22)가 제10대(0.18)보다 크게 나타나고 있다. 따라서 민주화 이전(3~5공화국) 시기인 각 공화국 초기에 근대 국가건설에 대한 요구가 충청지역민들에게 전달 및 표현하는 것을 알 수 있다.

민주화 이후에는 국가강조보다는 지역강조나 개인을 강조하는 표현이 나타나고 있음을 알 수 있다. 이는 민주화 이후에 충청지역이 지방분권 또는 지방자치 제도에 영향을 받아 지역발전을 강조하는 전략이 충청지역 유권자들에게 효과적으로 작용한 결과인 동시에 정치인 개인의 능력을 강조하여 지역발전을 도모할 수 있다는 메시지를 전달한 것이다. 충청지역은 최근 국가에서 벗어나 충청지역과 개인으로 소구점이 변화하고 있다. 즉, 충청지역과 나 자신이라는 개인에 더 반응하고 있는 것이다.

<표 3> 충청지역 역대 총선 슬로건의 유형별 특징(개인, 지역, 국가 강조)

충청지역 기반정당	시기	년도	대수	개인강조	지역강조	국가강조
-	제3공화국	1967	제7대	0.27	0.45	0.90
		1971	제8대	0.07	0.43	0.13
	제4공화국 (유신체제)	1973	제9대	0.02	0.06	0.22
		1978	제10대	0.06	0.09	0.18
	제5공화국	1981	제11대	0.13	0.12	0.48
		1985	제12대	0.16	0.13	0.26
신민주공화당	제6공화국	1988	제13대	0.20	0.30	0.04
-		1992	제14대	0.68	0.30	0.11
자민련		1996	제15대	0.31	0.38	0.04
		2000	제16대	0.31	0.27	0.04
		2004	제17대	0.24	0.31	0.13
자유선진당		2008	제18대	0.25	0.48	0.08
		2012	제19대	0.35	0.48	0.00
-		2016	제20대	0.35	0.31	0.00
-		2020	제21대	0.36	0.43	0.00

2) 여당지지 vs. 정권심판: 여당지지보다는 정권심판에 대한 견제

총선은 정권심판과 정권지지의 측면에서 치러지고 있다는 점에서 여당지지(대통령지지 표현 등) 또는 견제(정권심판 표현 등) 등 정량적으로 구분하였다. "여당지지" 항목과 "정권심판" 항목은 '대통령 일하게', '야당밀어' 등의 표현을 연구자가 판단하여 카운트하였고, 카운트된 개수를 해당 선거시기 당선자 수를 나누어 측정하였다(단, 선거벽보가 누락되거나 없을 경우는 당선인 수에서 제외하였음).

여당지지와 정권심판에 대한 슬로건은 어느 선거시기에서나 볼 수 있는 특징이지만 충청권 유권자들은 여당지지보다는 정권심판에 대한 표현이 더 강하게 작용하는 것으로 나타났다. 이는 정부여당에 대한 견제역할과 캐스팅 보트 지역이라는 특성이 반영된 결과로 이해할 수 있지 않을까?

<표 4> 충청지역 역대 총선 슬로건의 유형별 특징(여당지지/정권심판)

충청지역 기반정당	시기	년도	대수	여당지지	정권심판
-	제3공화국	1967	제7대	0.90	0.10
		1971	제8대	0.00	0.13
	제4공화국 (유신체제)	1973	제9대	0.22	0.28
		1978	제10대	0.36	0.55
	제5공화국	1981	제11대	0.48	0.10
		1985	제12대	0.00	0.30
신민주공화당	제6공화국	1988	제13대	0.07	0.00
-		1992	제14대	0.00	0.07
자민련		1996	제15대	0.00	0.07
		2000	제16대	0.00	0.08
		2004	제17대	0.00	0.00
자유선진당		2008	제18대	0.00	0.00
		2012	제19대	0.00	0.16
-		2016	제20대	0.00	0.00
-		2020	제21대	0.00	0.00

3) 짧고 굵게! 단어강조

슬로건이 청유형(명령형 포함)인지 아니면 평서형(존대적 표현)인지 또는 단어형인지를 구분하였다. 청유형의 경우, "~~하자, 합시다." 라는 표현으로 화자가 청자에게 같이 행동할 것을 요청하는 뜻을 담고 있다. 따라서 해당 정치인이 유권자들에게 행동을 요구하는 강한 메시지라고 볼 수 있다. 존칭형을 포함하여 평서형의 경우는 청유형보다는 강한 메시지는 아니지만 보다 완곡하고 부드러움을 강조할 때 사용되는 화법이다. 따라서 유권자들에게 후보자 자신을 낮추면서 유권자와 소통하려는 메시지라고 볼 수 있다. 단어강조형은 정치구호를 보다 명확하게 강조하거나 자신의 정치적 가치나 입장을 간결하게 드러내는데 사용되는 화법이다.

충청지역 선거정치 슬로건의 표현방식(문체)은 민주화 이후 간결하고 강한 메시지를 전달하는 단어강조형을 사용한 슬로건이 유효하게 작용한 것으로 나타났다. 선거벽보의 규격 제한도 있겠지만, 점점 치열해지는 선거경쟁에서 보다 빠르고 쉽게 충청지역 유권자들에게 전달하려는 전략이 통한 것으로 판단된다. 다른 한편으로 제3공화국에서는 평서(존대)형에서 유신체제 제4공화국 시기에는 다소 강한 요구에 가까운 화법(예를 들어 제10대 총선에서 '민주공화당 다시 밀어 쉬지말고 전진하자')의 청유형으로 충청지역 유권자들에게 전달하고 있는 것으로 나타났다.

<표 5> 충청지역 역대 총선 슬로건의 유형별 특징(청유형, 평서형, 단어강조형)

충청지역 기반정당	시기	년도	대수	청유형	평서(존대)형	단어강조형
-	제3공화국	1967	제7대	0.10	0.90	0.00
		1971	제8대	0.35	0.61	0.09
	제4공화국 (유신체제)	1973	제9대	0.39	0.22	0.33
		1978	제10대	0.91	0.14	0.09
	제5공화국	1981	제11대	0.62	0.05	0.29
		1985	제12대	0.52	0.17	0.35
신민주공화당	제6공화국	1988	제13대	0.15	0.04	0.85
-		1992	제14대	0.21	0.18	0.64
자민련		1996	제15대	0.21	0.11	0.71
		2000	제16대	0.08	0.17	0.63
		2004	제17대	0.04	0.21	0.71
자유선진당		2008	제18대	0.04	0.13	0.75
		2012	제19대	0.00	0.40	0.64
-		2016	제20대	0.04	0.07	0.26
-		2020	제21대	0.11	0.25	0.75

4) 워드 크라우딩으로 본 충청의 정치표현

충청지역 역대 총선 슬로건 전체 문장을 키워드로 구분하여 데이터를 생성하고 그 데이터를 워드 클라우드 프로그램으로 시각화하였다. 빈도에 따라 크기가 다양하게 표현되는데 클수록 해당 키워드(단어) 빈도가 큰 것이다.

민주화 이전 시기에는 '발전', '나라', '성심', '밀어주자', '내고장' 등이 주요 키워드로 보인다. 이는 앞서 제시한 유형별 표현에서 국가발전을 강조하는 슬로건이 주요했음을 의미한다. 한편 민주화 이후에는 '일꾼', '힘', '큰', '사람', '정치', '깨끗', '인물', '국회의원' 등으로 다양하게 나타났다. 민주화 이후에는 개인강조 또는 지역강조 유형이 주를 이루었고, 지역의 일꾼을 강조하는 메시지, 깨끗한 정치인과 보다 큰 인물로 지역에서 키워달라는 호소를 충청지역 유권자들에게 전달하였다.

<그림 2> 충청지역 역대 총선 키워드의 워드 크라우딩 특징(민주화 기준)

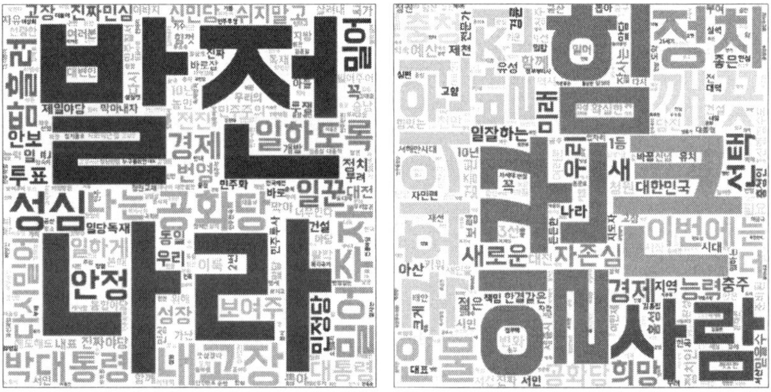

민주화 이전(제3~5공화국)　　　　민주화 이후(제6공화국)

자유민주연합, 자유선진당과 같이 충청지역 기반 정당이 존재했을 때, 슬로건의 주요 키워드는 '힘', '사람', '큰', '정치', '깨끗', '충청' 등이 주요하게 나타났다. 가장 큰 강도는 아니지만 '충청'이라는 표현이 이 당시 주로 많이 등장했음을 알 수 있다. 한편 김종필이 이끄는 신민주공화당이 충청지역에 압도적인 지지를 받았을 때에는 '공화당(신민주공화당)', '이번에는' 등이 나타나 과거 민주공화당의 정당명을 강조하여 지지를 호소하는 특징도 보였다.

<그림 2> 충청지역 역대 총선 키워드의 워드 크라우딩 특징(충청지역기반 정당 기준)

제13대 총선_신민주공화당 시기

충청지역기반 정당 존재 시기: 제15~19대 총선

5. 나오며

후보자의 정치적 견해나 향후 실천의지, 그리고 제반 품성과 배경을 모두 합하여 하나의 문구로 압축한 슬로건은 유권자를 향해 지지를 호소하는 동시에 소통의 역할을 한다는 점에서, 후보자가 자신을 한마디의 문장으로 표현하는 강한 메시지이다. 따라서 지금까지 정치 커뮤니케이션으로서 슬로건이 선거정치 차원에서 어떻게 작동되었는지 알아보았고, 특히 대한민국 정치지형의 바로미터로 잘 알려진 충청지역을 중심으로 역대 국회의원 선거별 특징 및 슬로건 분석으로 충청지역 정치커뮤니케이션 특성을 살펴보았다.

첫째, 유형별 시기별 분석을 종합해 보면, 국가근대화를 위한 시기에는 국가(나라)에 대한 표현과 메시지가 충청지역 유권자들에게 전달되었다. 그리고 충청지역 유권자들은 당시 정부를 심판해 달라는 정부권력의 견제 역할 메시지에 상대적으로 반응을 보였다. 또한 충청지역 역대 총선 슬로건에서 보인 커뮤니케이션의 화법은 민주화 이후 단어강조형으로 나타나 치열한 선거경쟁에서 효과적으로 전달하고 소통하려는 행태를 짐작케 한다.

둘째, 키워드를 시각화한 워드 클라우드 분석을 정리하면, 민주화 이전에 '나라', '발전'이라는 국가중심적인 메시지에서 민주화 이후 지방분권과 지역발전, 그리고 선진정치문화를 바라는 추세가 다양하게 반영되어 '일꾼', '깨끗', '정치', '힘' 등의 표현이 두드러졌다. 무엇보다 충청지역 기반정당 존재에 따라 다른 결과를 보였다. 즉 충청지역에 충청을 대표하는 정당이 있을 경우 지역 유권자들에 '충청'이라는 지역을 내세우고 지역발전을 강조하는 경향을 보였다. 이제는 충청지역의 정체성에 기반한 공동체의 번영을 염원하는 것이 아닐까?

물론, 충청지역의 선거정치 과정에서 유연성과 가변성에 대한 특징은 선거결과에 대한 결과론적 해석일 수도 있다. 따라서 선거과정에서 충청지역 후보자와 유권자간의 어떠한 형태로 정치 커뮤니케이션이 이루어졌는지 향후 보다 구체적으로 검토하고 규명할 필요가 있다. 그럼에도 불구하고, 충청지역 역대 선거에서 슬로건이 특정한 패턴과 경향성을 보여주었다는 점은 향후 충청지역의 정치 커뮤니케이션에 대한 관심과 연구가 필요함을 말해주는 것 아닐까?

마지막으로, 그동안 선거정치(특히, 대통령 선거)에서 슬로건이 국가의 미래상을 제시하여 국민적 공감대를 형성케 하는 시대정신을 반영해 왔다면, 이와 더불어 지방분권시대를 지향하는 현재 우리는 슬로건에 무엇을 담아내고 읽어내야 할까? 충청이라는 지역적 테두리를 기반으로 한 충청지역의 정신을 담고 읽어야 하지 않을까한다. 이에 동의한다면 우리는 이제 충청지역 공동체의 정체성과 정신은 과연 무엇인지 함께 고민해야 할 것이다.

참고문헌

김병대(2020). 정치광고 헤드라인 강조유형 분석연구-20대 국회의원선거를 중심으로. 〈기업과혁신연구〉, 43(1), 37-47.

김욱(2007). 충청 지역주의의 역사적 발전과정과 특성. 〈정치정보연구〉, 10(2), 117-134.

김욱 · 이재현(2020). 충청 지역주의와 민주적 대표성: 충청 유권자의 전국 대표성 논의를 중심으로. 〈비교민주주의연구〉. 16(1), 159-188.

박상희(2022). 선거 포스터의 시각정치적 언어에 대한 비판적 연구: 박정희, 전두환, 노태우 대통령을 중심으로. 〈문화와 정치〉, 9(2), 117-155.

이재현 · 박재정(2017). 국고보조금 배분의 선거정치학. 〈사회과학연구〉, 28(1), 3-21.

이준일(1993). 정치커뮤니케이션에서 접근한 역대 대통령선거 정치광고 분석. 〈광고연구〉, 여름호.

이희복(2017). 유권자의 마음을 움직인 20대 국회의원 선거 슬로건. 〈커뮤니케이션학연구〉, 25(1), 115-137.

정동환(2018). 대한민국 역대 대통령 선거 포스터 비교 연구. 〈한국디자인문화학회지〉, 24(2), 647-663.

홍득표(2012). 선전벽보의 슬로건 분석: 역대 대통령선거를 중심으로. 〈사회과학논집〉, 43(2), 21-39.

중앙선거관리위원회 선거통계시스템 http://info.nec.go.kr/

중앙선거관리위원회 도서관 http://library.nec.go.kr/

04

중원의 균형자 충청도의 말

04

중원의 균형자 충청도의 말

김종남(충남대 사회학 박사) · 임동욱(대구대학교)

1. 들어가며

충청도 말은 모깃불과 같다. 빨갛게 이글거리는 잉걸불이 아니다. 하얀 연기를 마당 가득 피워 올리며 안으로부터 타들어간다. 불씨는 전선을 따라 뭉근하게 살아있다. 매캐하고 향긋한 풀냄새와 따뜻한 온기를 사람들에게 제공하며 불의 지향을 알린다. 때론 눈물과 콧물도 흘리게 하면서. 그 불을 겪어보지 않은 사람은 전개에 대한 짐작이 다소 어렵지만 아는 사람은 안다. 궁극의 목적이 달성된다. 왱왱거리며 귓가를 맴돌던 모기의 날갯짓이 멀어지는 것이다.

"괜찮아유", "알았슈", "글쎄유" 충청도 말은 어중간하다. 괜찮다는 것인지, 동의한다는 것인지, 할 수 있다는 것인지 외마디 대답으로는 짐작하기 어렵다. 그 말의 맥락을, 화자의 표정과 눈빛을 봐야 긍정인지 부정인지 알 수 있다.

충청도에서 나고 자란 사람들은 생각이나 감정을 즉각적으로 표현하려 하지 않는다. 말을 아끼고, 뜸을 들이며, 모호성을 유지한다. 충청도 사람들이 말을 은근히 돌리고 생각과 감정을 에둘러 전달하게 된 데는 충청도의 지정학, 유교적 윤리의식이 연관돼 있다는 것이 중론이다. 삼한시대 이래 대한민국 건국까지 오랜 역사 속에서 잦았던 지리적 경계의 변동과 침탈의 경험, 지배세력의 수탈과 억압으로부터 생존위협을 줄이고 실리를 추구하는 전략으로서 관찰과 거리두기, 우회하기 등의 말하기를 발달시켰다는 것이다. 또한, 인의예지를 중시하는 유교의 영향과 충청유학의 확대는 상대와 나의 체면을 살리고 사회적 관계를 해치지 않는 온화하고 부드러운 말하기를 발달시켰다고 한다. 반면, 비참한 현실을 뒤집고, 형식적이고 허울뿐인 양반문화를 전복하는 말하기도 다른 한편에서 만들어졌을 것이다. "풍월허구자빠졌네." 같은.

충청의 언어는 중원이라는 지리적 공간에서 오랜 시간을 두고 축적된 경험, 관습, 가치, 규범, 제도, 전통 등을 아우른 고유한 생활양식이자 문화로서 형성되어 왔음을 알 수 있다. 이러한 충청도의 지정학과 윤리학, 정치사회적 환경이 충청의 말에 녹아들면서 타 지역과 구별되는 집단화된 인상으로서의 '충청도 기질'을 사회적으로 유형화했을 것이다.

흔히들 충청도 말은 고맥락 소통의 최고봉이라 한다. 속내를 직접 드러내지 않으면서 비유와 은유가 난무하고, 능청과 너스레가 푸진가

하면 말 반죽 또한 가득하기 때문이다. 하지만 그 모호하고 은유적인 말의 한 순간, 생각과 감정을 드러내 머리를 때리는 반전이 있다. 즉답은 안하지만 반드시 단서가 있고, 에두르는 표현 속에 본심이 묻어난다. 눈을 맞추고 바라보며 넌지시 "내 맘 알쥬?" 하는 은근함 속에 믿음과 사랑이, 연대감이, 정치적 동질감이 숨어 있는 것이다.

2. 충청도 말의 지정학

왜 충청도 말은 복합적 함의를 갖게 됐을까? 충청도의 지정학이 만든 문화적 특수성 때문이다. 언어는 문화다. 사회학에서 문화는 인간의 공통된 생활양식이자 상징체계로 정의된다. 인간은 상징체계를 통해 사회를 경험하고 인식하며 다른 인간과 상호작용하고 의사소통을 한다. 문화를 상호작용과 의사소통, 그리고 그 기반으로서의 상징체계라 할 때, 그것은 단순히 정신적 작용의 산물이 아니라 한 사회의 관습, 가치, 규범, 제도, 전통 등을 포괄하는 총체적인 생활양식을 의미하게 된다. 충청의 말에는 충청도의 사회상과 사람들의 집단의식이 구조적으로 반영돼 있는 것이다.

충청도 말이 은근하고, 비유가 많고, 능청스럽고 해학적이며, 의뭉하다 할 정도로 다채로운 해석이 붙는 이유로 불안정한 충청도의 지정학적 위치가 자주 거론된다. 1960~1980년대 활성화한 거의 모든 국어연구와 방언연구에서 일관되게 나타난다. 충청도 방언 연구가 이론적, 실증적 연구에서 다소 제한적이기는 하지만 충청도 방언의 지정학적 영향은 정설로 굳어진 듯하다. 한반도가 아시아대륙과 분리되고, 삼한을 거쳐 고구려, 백제, 신라의 각축장이 된 이래 충청도는 반복되는 침략과 방어의 변동성이 큰 경계지역에 위치했다고 한다. 고구려와 백제, 신라의 유적이 모두 발굴되는 남한강유역과 금강유역에 흩어져 살며 나라와 지배세력의 변동을 겪었던 중원의 지정학이 세상의 변화를 관찰하고 객관화하며 생존을 모색해야 했던 경계인의 기질과 말로 자연스레 정착했을 것이란 추측이다. 충청도의 말에 대한 기사의 한 구절이다.

> "충청도 언어가 느린 것은 정보를 모으는 중이기 때문이다. 이를테면 이런 풍경. 삼국시대 때 백제는 곡창지대였다. 평야지역인 것이다. 저 멀리서 한 무리의 군사가 달려오면 생각에 잠기게 된다. 고구려일까, 신라일까. 아니믄 우리 백제 군대일까… 수시로 침입을 당하고 잡혀갔으니 정보를 최대한 빨리, 많이 모아야 하는 상황이 백제 유민의 말버릇으로 굳어진 것이라고 나는 짐작한다(한겨레21.2015.8.15일자 기사 중. 우희창 2023 충청언론학회 춘계학술대회 토론문에서 재인용)."

충청도의 지정학은 중앙집권적 왕조가 들어선 고려 이래 조선조의 지명학으로 이어진다. 극도로 잦은 명칭변경의 역사에서 충청도에 대한 지배세력의 핍박과 지역민에 대한 무시가 어떤 수준이었는지 극명하게 드러난다. 전국적 행정체계를 잡아가던 1106년(고려예종)에 고려역사에 등장한 충청도는 1314년(충숙왕)에 민란사건으로 양광도(현재의 경기도)에 다시 편입됐다가 충청도로 복원(공민왕)한다. 조선왕조시기에는 아주 현란한 수준으로 충청도의 지명이 변경된다. 충주와 청주, 공주, 홍주(지금의 홍성)를 번갈아 대체하며 충청도와 청홍도, 공청도, 공충도 사이를 어지럽게 오간다. 1505년 연산군 시절에 시작된 충청도 개칭의 역사는 1871년 고종 때에 이르러서야 종료된다. 그리고 전국 13개 도(道)의 경계구분이 동서에서 남북으로 변경되며 충청도는 1896년 충청남도와 북도로 구획된다. 근 500년간 반복된 지역이름 변경의 역사는 단순한 지명변경에 그친 것이 아니다. 그곳에 살고 있는 사람들로 하여금 정치와 사회, 권력과 세상의 변화에 대하여 일희일비하지 않으며 거리를 두고 관조하는 자세, 스스로를 보호하고 살아갈 방편들을 마련하도록 만든 것이다. 시치미 떼고 능청을 떨며 에두르는 충청도 화법은 이렇게 사회적으로 구조화한 것이라 할 수 있다.

충청도의 성격은 예상보다 뒤늦게 조선시대 때 생겼다는 주장도 있다. 송시열 등 충청도의 인물들이 노론의 핵심이 되면서부터 양반입네 하는 문화가 정착되었다는 것이다. 이들 권세가들은 지방에 정착할 때도 중앙과의 거리를 염두에 두었다. 경기도와 충청도는 한양과 가까워 언제든 오갈 수 있고 정계에 복귀할 때도 거주를 옮기기 용이하다는 장점이 있다. 이렇듯 중앙 정치와의 연결점을 놓지 않으려는 의도 때문에 쉽사리 속내를 드러내지 않는 풍조가 퍼져나갔다는 것이다.

하지만 까마득한 삼국시대에서 시작돼 조선시대에 이르는 광활한 역사가 어중간한 충청도 말의 정체성을 설명하기에는 뭔가 불충분하다는 느낌이 있는 것도 사실이다. 축적과 공유, 반복된 학습만큼이나 기나긴 변용의 시간과 공간이 존재하기 때문이다. 변용의 시·공간은 충청 말의 고유성과 그 범위에 연관된다. 충청지역 안에서 말의 차이가 확인되는 것이다.

한국어는 여러 방언으로 이루어져 있다. 많은 이주민이 정착한 중국

동북 지역이나 내륙과 커다란 차이를 보이는 제주도를 제외한 채 한반도만을 따져도 학계에서는 5개 권역으로 나뉜다고 주장한다. 북쪽으로는 평안도 중심의 '서북 방언'과 함경도 중심의 '동북 방언'이 있다. 남쪽으로는 전라도 중심의 '서남 방언'과 경상도 중심의 '동남 방언'이 존재한다. 이들의 사이에 경기도, 강원도, 충청도, 황해도를 합친 '중부 방언'이 자리한다.

충청도 말은 중부방언에 속해 있다. 한반도를 크게 구분해 평안도와 함경도, 전라도와 경상도, 제주도를 제외한 경기, 강원, 충청도를 포괄하는 넓은 영역이다. 크게 중부방언에 속한 충청의 말은 경기도와 강원도 접경지역에서 유사성이 나타난다. 충청도에서 사용하는 어휘와 어미가 경기, 강원에서 나타나는 것이다. 같은 이유로 충청도의 남부지역(논산, 금산, 영동)에서는 전라, 경상도와 유사한 성조와 말투가 나타난다. 충청도 산간내륙지역(충북)과 태백산맥지역 강원 말과 같아지는 현상, 충청도 평야내륙지역(천안, 청주, 충주 일대)에서 경기도 말과 같아지는 현상을 국어학에서는 방언연속체로 규정한다. 전국이 6개의 대방언구획으로 나뉘지만 지역적으로 연접하고 이동이 집중돼 말이 섞이는 지역에서 방언들이 만나고 변용하면서 방언연속체가 된다는 것이다.

1) 방언연속체 상에서 충청도 말의 위치

흔히들 경기도 말은 표준어에 가깝지 강원도 말이나 충청도, 황해도 말과는 사뭇 다르다고 생각한다. 그런데 학자들은 모두 합쳐서 하나의 방원 권역으로 묶는다. 다른 방언들 간의 차이를 고려하면 오히려 한 가족으로 묶을 수 있다는 것이다. 그렇다면 '충청도 말'이라는 것은 정확히 무엇일까. 충청도만이 가지는 정체성은 어디에서 유래한 것일까.

방언은 행정구역의 경계에 따라서 칼 같이 나뉘는 일이 드물다. 산맥이나 큰 강으로 나뉘어서 서로 교류하고 이동하는 데 물리적 제약이 있지 않는 한, 인접한 마을끼리는 서로 비슷한 말을 쓰게 되어 있다. 우리 마을이 옆 마을과 비슷한 말을 쓴다면, 그 옆 마을도 인근 마을과 말이 유사할 것이다. 이런 식으로 논리를 이어나가다 보면 한국어를 쓰는 지역은 서로 알아듣고 뜻이 통하게 된다는 결론도 가능하다.

실제 현실도 이와 유사하다. 조선시대에 한양에서 나고 자란 사람이 남쪽 바다를 향해 출발한다고 가정해보자. 한양 땅을 벗어나자마자 곧바로 경기도 말로 바뀌는 것이 아니라, 단어나 어투가 조금씩 달라지다가 어느 순간부터 사람들의 억양이 바뀌어 있는 것을 눈치 채게 된다. 경기도를 빠져나오면서는 말투가 더 느려져서 충청도 말로 바뀔 것이고, 계속 남쪽으로 가다보면 억양은 강하지만 어투가 비슷한 전라북도에 닿은 후 그보다 높낮이가 심한 전라남도 말을 듣게 될 것이다. 약간의 차이를 보이는 여러 방언들이 서로 연결되어 스펙트럼 같은 변화상을 이루는 것이다. 언어학에서는 이것을 '방언 연속체(dialect continuum)'라 부른다.

권역별로 말이 비슷하기는 우리나라도 마찬가지다. 황해도에서 출발해 경기도를 지나 충청도까지 내려온다면 중부방언으로 묶인 권역이기에 별 무리 없이 대화를 나눌 수 있다. 게다가 방언은 연속체적 성격을 띠고 있기 때문에 경계에서 갑자기 다른 말로 바뀌지 않고 슬그머니 색다른 어휘와 어투가 끼어들기 시작한다.

충청도를 여행해본 사람은 공감할 것이다. 충남 천안에서 북쪽으로 올라가 경기도 안성에 접어든다고 해서 갑자기 서울 말로 바뀌지 않고 느릿한 충청도 어투를 많이들 사용한다. 충북 제천에서 단양을 지나 서쪽의 강원도 영월로 이동하다보면 느닷없이 강원도 말이 등장하지 않고 점차 어투가 달라진다. 충남 논산에서 남쪽으로 내려가며 전라북도 완주에 접어들면 전라도 억양이 조금씩 티가 날 뿐이다. 경상북도 김천에 닿기 전에 이미 충북 영동에서부터 경상도 억양이 들리기 시작한다. 방언연속체 현상이다.

2002년에 개봉한 영화 '집으로'를 감상해보자. 단역 배우들의 말에 귀를 기울이면 이상한 점이 느껴진다. 배경은 충청도인데 동네 아이들과 버스 기사는 경상도 말을 쓰고, 촌로는 충청도 말을 쓰지만 슈퍼 아주머니는 억양이 특이하다. 이정향 감독을 직접 만나서 물어보니 실제 지역 사람들을 출연시켜서 평소 쓰던 말투를 쓰게 했다 한다. 충북 영동군은 충청도의 중심에서 벗어나 서남방언권과 동남방언권 가까이에 있으니 충청도와 경상도, 전라도의 특징을 함께 가지고 있다는 뜻이다. 방언연속체의 좋은 예라 하겠다.

결국 조선시대부터 근현대로 이어지는 오랜 시간동안 내륙교통의 요지이자 주운을 통한 물산의 집산지로서 정체성을 형성해온 충청내륙의 주요 도시에서 충청고유어가 뿌리를 내리기는 쉽지 않았음을 알 수 있다. 충청도 말은 크게 서울과 경기 중앙어의 영향권 안에 있지만, 생계와 관습, 문화를 공유하는 지역생활권을 중심으로 충남서해북부

지역권, 금강유역권, 중부내륙지역권으로 충청도 안에서 방언구역이 다시 세분화한다. 궁극적으로 충청 말의 특성을 오롯이 간직하고 있는 지역은 바다와 육지의 외곽으로 다소간 고립된 충남북부서해안지역(당진,서산,예산,홍성 일대)이다. 따라서 한국의 방언학 연구에서 충청 말 연구는 대부분 이 지역에서 활발했고, 충청도의 주요 거점도시가 된 천안, 청주, 대전, 세종 일대는 서울말인 중앙어의 영향을 받아 충청 말과 차이가 있는 것으로 알려져 있다.

지정학적 불안정이든 언어학적 연속성이든 가운데 끼여서 고유한 지역 정체성을 형성하지 못하고, 모호성을 유지하며 따라서 말의 특성도 두드러지지 않는다는 충청도 말에 대한 정의는 형식에 치우쳐서 충청의 말과 문화를 깊이 있게 파악하지 못한 탓이라고 생각한다. 충청의 언어와 화법에는 참으로 의미심장한 정치학과 윤리학, 미학이 풍부하게 존재하니 말이다.

3. 충청도 말의 윤리학

충청도 말에는 얼굴이 있다. 곤란한 얼굴, 화난 얼굴, 속상한 얼굴… 상대가 지혜롭게 그 얼굴을 알아봐주기를 바라지만 화자의 몫이 아니다. 청자가 화자의 의도를 잘 알아듣고 해석을 잘 해야 한다. 고맥락의 충청도 화법에 서투른 이는 곤란한 상황에 처할 수도 있다. 무능하고 쓸모없는 사람을 말할 때 충청도 사람들은 "애는 착혀."라고 하거나 "저 사람은 순 거덜이여."한다. 일처리가 느리거나 맘에 안 들어 화가

나도 "개갈 안 나는구먼." 하고 만다. 이치에 맞지 않은 소리를 하는 사람에게 그만하라는 말 대신 "거백이 털 뽑는 소리 하구 있네."한다.

충청도 사람들이 대놓고 말하지 않으며 에두르는 화법을 구사하는 이유는 화자와 상대의 체면을 생각해서라는 분석(최지원,2016)이 있다. 생각과 감정의 표현 수위를 축소하고, 직접적으로 언급하지 않음으로써 자신의 체면을 지키고 상대에게 가해질 "체면위협을 완화"한다는 것이다. '예(禮)'를 중시하는 양반문화와 관련이 있지 않을까 하는데, 매사에 신중을 기하느라 내향적이고 소심한 성향이 몸에 밴 것이다.

실제로 충청도 방언에 관한 연구자료와 문헌들을 뒤지면서 소심하게 자기체면을 지키려는 충청도 사람들을 만날 수 있었다. 물론 상대의 체면도 살릴 줄 알지만 연구결과 상대보다는 자기체면을 보호하는 성향이 더 많았다고 한다. 연구사례로 제시된 충청도 대화를 몇 장면 소개한다. 화자의 심리상태와 처지가 직관적으로 전해져서 웃음이 절로 난다.

1) 장면 하나. 우회적 말하기

이른 봄, 밭에서 달래를 캐는 할머니에게 방송리포터가 다가간다. 달래에 묻어 있는 흙을 살살 털어내며 이렇게 하면 되는 거냐고 리포터가 묻는다. 할머니는 그렇게 털어서 어떻게 해먹겠냐며 터는 방법이 잘못됐음을 우회적으로 표현한다. "상대방의 자율권을 침해하지 않으면서 노골적으로 체면을 위협하지도 않는" 에둘러 말하기는 충청도의 상징적인 소통 스타일이다.

리포터 : 달래 이렇게 터는 거예요?

농　부 : 그렇게 털어갖구 원제 뭘 해먹어.

리포터 : 그쵸? 어머니 서산 달래 이렇게 잘 자라고 있는 모습 보면 뿌듯하시죠?

농　부 : 할매들이 겨울에 돈 불 디가 있나. 이런 거나 허니까 돈 주지.

-서산 황토달래, 2014년 12월 31일 KBS '6시 내고향' 방송-[1]

2) 장면 둘. 체면을 방어하는 말하기

장터 시골노인의 좌판에 있는 파프리카가 작고 예쁘지 않다. 리포터는 짐짓 뭐냐고 묻고, 왜 이렇게 됐냐고 다시 묻는다. 노인은 물이 부족해서 그리 됐다고 응수한다. 물 안주고 비 올 때만 기다리고 있었느냐는 리포터의 질문이 자신의 체면을 위협하는 것으로 받아들인 노인은 형편 되는 만큼 준 게 그렇다며 못생긴 파프리카를 팔러 나온 자신의 체면을 방어하고자 한다.

리포터 : 엄니, 요거 뭐예요, 요거?

상 인 : 파프리카라고.

리포터 : 아니 왜 이렇게 됐어요?

상 인 : 물을 뭇 먹어서 그렇다니께유.

리포터 : 아, 그럼 물을 주면 되잖아유.

1　최지원(2016), 방송 프로그램에 나타난 충청도 소통 스타일의 체면 연구, 8스피치와 커뮤니케이션, 제15권 제2호0

상 인 : 아, 노인네가 어떻게 물을 퍼갖구 댕기유.

리포터 : 그럼 물 안주고 비올 때만 기다리고 계신 거예요?

상 인 : 워쩌다 준 게 그류.

-홍성 전통시장, 2015년 9월 11일 KBS '6시 내고향' 방송-

재미난 것은 자기체면을 방어하는데 자학적 요소를 드러낸다는 점이다. 달래농장을 자랑하라는데 한 겨울 밭에 나와서 일하는 시골노인의 처지를 내비치며 경제활동에 보탬이 되는 농장의 가치를 은유적으로 칭찬한다. 연로한 탓에 텃밭 채소에 물 주기가 원활하지 않은 현실을 드러냄으로써 정상적이지 않은 채소를 팔러 나왔다고 평가되는 자신의 체면을 복구하려 애쓴다. "워쩌다 준 게 그류." 충청도 사람들의 소심한 저항과 자의식에 웃음이 절로 나지 않는가.

3) 장면 셋, 능청스런 말하기

1992년 SBS가 방영한 '시골부모탐방기"의 일화(안상윤, 2020)다. 시골집을 찾아 부모님들을 카메라 앞에 세워 놓고 자식에게 안부를 전하는 프로그램이었다. 충청도 어느 농가, 부모님이 나란히 카메라 앞에 서서 이야기를 시작했다.

"아들아 거 머시냐. 케이비씬가가 여기 왔다." 지켜보던 이들 사이에서 폭소가 터졌다. KBS만 아는 시골에서 SBS라는 이름이 생소한 거다. 제작진이 SBS라고 정정해줬다. 노인은 이번엔 "에스비씨"라고 말했다. 제작진이 다시 쓰러졌다. 우여곡절이 있은 후 영상을 찍었다.

"너덜은 잘 지내쟈? 우리도 잘 있다. 손주들도 공부 잘 허쟈? 거 머냐. 참 앞집 식이네는 식이가 테레비 큰 거 사줬다더라. 우리는 갠찬여. 지금 테레비도 잘 나오는데 머. 그라고 명순이 알지? 갸는 지 엄니헌티 냉장고 사줘따더라. 아이고 시골 살믄서 냉장고는 머슨. 우린 갠찬여." 지켜보던 사람들이 배꼽을 잡았단다. 사 달라는 말을 안할 뿐, 시골에 사는 우리는 괜찮다는 자학과 능청 속에 얼마나 노골적인 기대가 담겨있는가 말이다.

에둘러 말하고, 딴소리를 하고, 자학하는 말을 통해 상대를 무장해제하고 웃음을 주는 충청도의 말은 충청도 사람들이 고단한 삶을 영위하는 방식이었다는 분석(이재열,2004)이 있다. 사람들은 보통 뒤집기와 비틀기를 통해 세상의 질서를 전복하거나, 일반화된 기준을 파괴하거나, 보편적 규범을 일탈하는 언어유희에서 쾌감을 느끼는 데 충청도의 유머가 정확하게 부합한다는 것이다. 충청 말의 해학은 지리와 정치, 사회에서 충청도의 위치에 필요한 전략이었다.

4. 충청도 말의 정치학

충청도 민심은 서울, 수도권의 민심과 비슷하다. 대부분의 선거에서 수도권과 충청권의 선택이 엇비슷한 숫자로 나타나는 것을 봐도 알 수 있다. 그런데 정치적 성향을 묻는 말이나 여론조사에서 충청도의 대답은 다르게 나타난다고 한다.

영호남 지역주의 대립 속에서 김대중, 김영삼, 김종필 삼김(金)정치가 아직 힘을 발휘하던 시절, 충청도의 선거유세장에서 김종필이 당했다는 이야기다. 중년의 남성에게 악수를 청하며 "이번에 나 찍을 거쥬?"하고 웃으며 묻는 김종필에게 "글쎄 그거야 그날 돼봐야 알쥬." 해서 정치9단 김종필을 움찔하게 했다는 이야기, 나중에 유세장을 떠나는 김종필에게 슬쩍 다가가 "그 표가 워디 가남유."하며 본심을 내비쳐 안도하게 했다는 이야기는 아직도 충청도 사람의 의뭉함을 이야기하는 단골소재로 활용된다.

정치권과 여론조사업계에서는 충청도 여론조사가 실제 결과와 차이가 많이 나서 짐작하기 어렵다는 이야기도 한다. 대체로 여론조사 결과는 아래위 5%p로 오차범위를 두는데 충청도는 12%p까지 늘려잡아야 한다는 것이다. 그만큼 충청도 사람들이 정치적 속내를 잘 밝히지 않는다고 한다. 왜 그럴까?

충청도는 곧잘 충절의 고장, 효와 예의 고장이라 지칭된다. 대전, 세종, 충남, 충북 4개 시도와 공주시, 부여군, 청주시 등 주요 지역들의 역사기술서를 보면 충절의 고장, 예의 고장, 양반의 고장이라는 표현들을 쉽게 찾아볼 수 있다.

예의와 체면을 중시하는 양반문화가 자리한 것은 유교문화와 관련이 깊다. 1644년 집권세력에서 밀려난 송시열이 충북 괴산에 화양동서원을 세우고 후진을 양성하기 시작한 17세기부터 20세기 초까지 충청지역에 광범위하게 퍼진 충청유학과 양반문화는 충청도 사람들의 생활양식을 일정 부분 지배하고 말과 행동에 자연스럽게 투영되었을 것이다. 군자로서의 의리와 충절을 다하고 도덕적 원칙을 지키자니 사람 면전에서 대놓고 말하는 것을 예의가 아니라하여 꺼려했으며,

생각과 감정을 직설적으로 표현하는 것도 삼갔던 것이다.

그런데 양반문화가 충청도 문화라 할 정도로 사대부 층은 그렇게 두터웠을까? 17~18세기와 19세기 조선후기 과거급제자의 출신지역 분포를 보면 충청도는 각각 12.0%와 10.3%로 한성부(46.5%, 39.8%)와 경상도(12.7%, 15.1%)의 뒤를 잇고 있다. 그 다음은 평안도(7.3%, 15.4%), 경기도(7.8%, 8.5%), 전라도(7.7%, 5.9%), 강원도(2.8%, 2.1%), 함경도 (1.8%, 1.8%), 황해도(1.4%, 1.1%) 순이다(박현순,2008).[2] 한성부와 경상도 다음으로 충청도의 과거급제자가 많아 충청지역에 서당과 서원 등 인재양성 기반이 마련돼 있었음을 알 수 있다.

지역별 양반계급의 분포도를 분석한 이재표(2019)[3]의 연구도 흥미롭다. 1909년 4월1일, 민적법(民籍法)이 시행됐고, 그 해 8월29일부터 1910년 8월29일까지 전국 호구조사가 실시됐다. 당시 총 가구 수 289만4777호 가운데 양반은 5만4217호로, 전체 인구의 1.9%에 불과했다. 조선13도 중 충청남도는 전체 가구 수의 10.3%가 양반으로 양반인구가 가장 많았다. 그 다음으로는 충청북도(4.5%), 경상북도(3.8%), 한성(2.1%), 강원도(1.1%), 전라북도(1%) 순이었다. 그 뒤로는 경기도(0.8%), 함경북도(0.8%), 전라남도(0.5%), 경상남도(0.4%), 함경남도(0.4%) 순이며 최하위는 황해도(0.3%), 평안북도(0.2%), 평안남도(0.1%)였다. 양반의 숫자가 많은 고을도 경북 경주, 충남 목천, 경북 풍기, 충남 공주 순이었다고 하니 '충청도 양반'이란 표현은 당시의 계급분포와 일정 부분 일

2 박현순(2008). 조선후기 문과에 나타난 경향 간의 불균형문제 검토. 한국문화 58

3 이재표(2019). 청주를 중심으로 본 충청인의 기질에 대한 충청도스타일 小考, 세종경제뉴스(http://www.seenews365.com)

치한다고 볼 수 있다.

가구의 15%에 달하는 양반계급의 분포와 관료사회로 연결되는 중앙정치와의 연관성, 문화적 동질성 등은 충청지역의 지도층으로 하여금 임금이 부르면 언제라도 달려갈 준비와 자세를 갖추는 일을 우선하게 했을 것이다. 그러니 누구라도 상대를 불편하게 하지 않으면서 나의 체면도 유지하는 정중하고 온화한 말하기를 발달시켰을 가능성이 있다.

5. 충청도의 의뭉함에 대하여

'의뭉하다'는 뜻은 '겉으로는 어리석은 것처럼 보이면서 속으로는 엉큼하다'이다. 본심은 있지만 딴청을 부리거나 시치미를 떼고, 긍정도 부정도 아닌 애매한 언술은 종종 의뭉스러움으로 연결된다. 일상적으로는 체면을 유지하고 관계의 불편함을 회피하고자 하는 전략적 대응이지만 속내를 표현하지 않고 상대에 대한 신뢰를 쉽사리 보여주지 않으므로 의뭉스럽다 하는 것이다.

충청도 사람들의 의뭉함을 표현하는 대화경험은 대개 정치성향과 신념에 관한 것이다. 선거에서 누구를 지지하는지 물어보면 "글쎄유." 한다든지, 누가 당선될 것 같으냐고 물으면 무심하게 "돼봐야 알쥬." 한다는 것이다. 한 언론(한겨레21,2015.8.15일자) 기사가 전하는 충청도 사람의 말과 기질이다. "조지면 경상도는 다 불고 전라도는 찔끔… 충청도는?"이라는 제하에 기자는 전직 안기부 직원의 경험담을 빌어 충청도 사람의 의뭉함을 말하고 있다.

때는 5공 시절, 운동권 학생들을 잡아들여 취조해보면 경상,충청,전라 삼남의 특색이 다르더란다. 경상도 학생들은 잡혀올 때 제일 시끄러운데, 고문을 하면 단 번에 다 불더란다. 다음 날 다시 불러 조져도 어제 말한 게 전부였단다. 전라도 아이들은 고문한 만큼만 불더란다. 요만큼 고문하면 요만큼, 조만큼 더 하면 쪼금 더 불었다고 한다. 가장 무서운 애들이 충청도인데, 우선 잘 잡히지를 않았단다. 석 달을 공작해서 위원장급 하나를 간신히 잡아들였다. 그런데 애가 끝까지 뻗대더란다. 아무리 고문을 해도 "아이구 죽겄네. 그게 아니란디 왜 이러신디우." "아 글쎄, 잘못 아신규. 그러지 말구 내 말 점 들어봐유." 보름간을 그랬단다. 아무래도 엉뚱한 놈을 잡아온 것 같다. 결론을 내리고 풀어줬단다. 나중에 알고 보니 그 애는 진짜였다. 그래서 제일 무서운 놈들이 충청도다 하는 내용이다.

자기 정체를 끝까지 숨기고 의뭉을 떤 학생운동가에 관한 기억은 달리 말하면 우직하고 고집스러운 충청도의 기질을 단적으로 보여주는 일화다. 비슷한 서사구조는 일제에 항거한 충청지역 인물들과 독립운동가들의 활약과 투옥생활에서도 그려진다. 항일구국전쟁과 조선의 독립, 민중의 해방을 위해 투쟁하며, 따뜻한 동지애와 공동체를 배신하지 않는 의리의 구현자로 드러난 충청도의 그 많은 의인들이다. 충무공 이순신을 비롯해 최영장군, 의병장 조헌, 최익현, 김옥균, 김복한, 이동녕, 신채호, 유관순, 손병희, 윤봉길, 김좌진, 한용운, 이상재, 이범석, 우덕순, 연병호 등 수없이 많은 이들이 역사의 변곡점에서 중요한 일을 해냈다. 2014년 프란치스코 교종이 한국을 방문해 시복한 순교자 123위 가운데 18명이 충청도 출신[4]이었다. 나라와 민족, 지켜야할 신념을 위해 개인을 아낌없이 희생한 충청도 사람들의 강직함이 드러나는 대목이다.

이러한 충청도의 우직함은 반골기질[5]로 설명되기도 한다. 중앙정치에 민감하고, 잘못된 것은 끈질기게 바로잡으려는 성향이 있었다는 것이다. 919(고려태조2)년 왕건이 천도 후 가장 먼저 찾은 곳이 청주였다는데 그 이유가 청주사람들이 역심을 품고 있다는 소문을 잠재우기 위해서였다고 한다. 후삼국시대부터 중원의 호족과 민심이 호락호락하지 않았음을 알 수 있다. 하(下)삼남의 분기점이자 각종 물산이 모이며, 감영과 병영이 설치돼 고급 정보와 인물이 오간 충청도는 지형이 평탄하고 서울로 향하는 교통의 요충지였기에 반란세력들이 집결하기도 수월했다고 한다. 따라서 느슨한 중앙집권체제에서 권력을 두고 쟁탈하는 지배세력의 무능과 부패, 지방관료의 향반과의 결탁을 통한 수탈과 억압의 경험은 이방인에 대한 불신과 더불어 민중들의 저항을 촉진했다는 것이다. 충청도의 버티기와 우직함이 잘 드러나는 부분이다.

한편, 충청의 우직함은 때론 '몽니'로 드러나기도 한다. 몽니는 '받고자 하는 대우를 받지 못할 때 내는 심술'이다. 약자로서의 소극적 저항이지만 당하는 입장에서는 뼈아픈 결과를 마주할 수도 있다. 한국 정치사에서 충청도의 저항과 협력은 집권을 두고 영호남 정치세력이 격돌할 때 결정력을 발휘했다. 1992년의 3당 합당과 1997년의 DJP

---

4 연합뉴스(2014.8.16), 한국천주교 일구고 피로써 신앙지킨 순교자 124위

5 어강석(2020), '청주목'의 역사 · 지리적 특성에 따른 지역정체성, 한국한문고전학회, 한문고전연구 제41집 pp.107-131

연합, 그리고 2002년 노무현대통령까지 충청도가 지지한 후보가 당선된 것이다. 충청도 사람들이 '내 알 바여.', '아녈말루', '누구를 되게는 모대도 안 되게는 허지.' 하고 돌아서면 그 선거는 이기기 어렵다. 충청도 사람들의 우직함은 책임감과 소명의식을 가지고 의로운 일을 해내는 원동력이지만 같은 특성으로 서운한 일을 당하면 일이 틀어지게 할 수 있는 것이다.

1) 개그의 고장 충청도

1996년 보도에 따르면 TV에 얼굴을 비추는 개그맨의 절반이 충청도 출신이었다고 한다.[6] 2004년에는 희극인의 40퍼센트가 충청도 출신이라는 기사도 있었다.[7] 대표적인 개그맨들을 꼽아보면 충청남도에는 아산의 최양락, 천안의 김학래, 서산의 서현철, 아산의 장동민, 예산의 김두영, 태안의 이영자가 있다. 충청북도에는 단양의 임하룡, 청주의 김원구, 충주의 서세원, 제천의 신동엽과 정종철이 있다. 2022년 통계를 살펴보면 충청도민은 전 국민의 7퍼센트에 불과하다. 그런데 희극인의 40퍼센트가 충청도 출신이라는 것은 충청도 말에 개그의 문화가 숨겨져 있다는 의미일지도 모른다.

충청도 말이 의뭉스럽고 해학적인 것에 대해 여러 가지 원인을 제시해볼 수 있다. 첫째는 '고맥락 사회의 예측 불가능성'이다. 맥락 안에 의도를 숨기려니 능치듯이 얘기할 수밖에 없다는 것이다. 선거를 앞

6 중앙일보(1996.11.18.), TV개그界 절반이 충청도 出身
7 경향신문(2004.4.10.), 충청도는 어떻게 대한민국을 웃겼나

두고 동네에서는 이런 질문이 등장한다. "이번에는 어떻겄어?" 타지인이 들으면 무슨 소리인가 할 것이다. 그러나 충청도 사람들은 알고 있다. 요즘 선거 얘기가 오가니 어떻겠냐는 질문도 선거를 가리킨다는 사실을. 그런데 대답도 애매모호하기는 마찬가지다. "그걸 말이라구 햐?" 선문답 같은 짧은 대화가 오갈 뿐이다. 이어지는 반응도 뜨뜻미지근하다. "그이가 젤루 저기하니께." 여기서 '그이'가 누구인지는 아무도 언급하지 않는다. 반대 의견도 마찬가지다. "그래두 그이가 저기랴." 바깥 사람은 아무리 들어도 누가 누구인지 알 수가 없다.

둘째는 '관조와 거리두기의 객관화'다. 충청도 사람들은 자포자기나 억울함 같은 비극적 상황에서도 자신의 감정을 승화해서 얘기하기 일쑤다. 최양락의 유명한 개그가 있다. 누군가 팔을 비틀었는데 우두둑하고 부러지고 말았다. 미안해하는 사람을 오히려 피해자가 달랜다. "괜찮어유- 뿌러지니께 팔이유. 안 뿌러지믄 쇠파이프유." 교통체증이 심한 도로 위에서 "왜 이렇게 막히는겨?" 하고 투정을 부리자 "그래두 자정은 안 넘기겄지" 하며 한껏 여유를 부린다.

셋째는 '직설법과 반어법의 혼합'이다. 방금 한 말이 진심인지 아닌지 빨리 파악하기 어렵게 만드는 효과가 있다. 젊은 사람들끼리 간식을 먹고 있는데 어르신이 들어왔다. 미안해하는 이들에게 어르신이 대꾸한다. "노인네가 뭘 먹겄어. 니들이나 많이 먹구 오래 살어." 이쯤 되면 위안인지 비난인지 구별하기 어렵다. 누군가 핀잔을 주면 옆에 앉은 사람이 거든다. "이 양반이 저기한 양반여. 뭘 알구 떠드는겨?" 그러나 뭐가 저기하다는 것인지, 유명하다는 건지 악명 높다는 건지 내용이 없다.

넷째는 '불분명한 지시대명사의 연속'이다. 전라도 말은 '거시기'로 유명하다. 그러나 충청도에서는 그보다 자주 등장하는 단어가 있다. '저기'다. "사람이 말여. 저기 하믄 딱 저기를 해야지 엉? 일단 저기부터 햐." 하는 식의 모호한 지시는 일상적이다. 약속 장소에 같이 가자는 친구의 권유를 거절하면 "그러지 말구 가자니께?" 하고 한 번 더 권한다. 이쯤 되면 옆 친구가 거든다. "아 저기하다잖어." 당사자도 주변인도 확실한 이유는 대지 않는다. 이런 추임새도 있다. "오늘은 저기랴."

6. 나가며

"괜찮어유~" 충청도 사람들이 자주 사용하는 말이다. 어떤 상황이나 사람이 불편하지 않은지 물어보는 말에 대한 대답이다. 화자는 실제로 괜찮을 수도 있고 아닐 수도 있다. 해석은 듣는 사람의 몫이다. "됐슈."도 마찬가지다. 그만하면 됐다는 말로 들리지만 더 기대하지 않겠다는 뜻으로도 해석가능하다. 이렇게 양가적인 표현을 쓰는 데는 상대에 대한 배려와 더불어 상황을 불편하지 않게 유지하려는 평화주의가 깔려 있다.

충청 말의 모호성을 이중성, 의뭉함으로 해석하며 정치적, 사회적으로 부정적인 측면을 강조하는 경우가 종종 있지만 오랜 시간 소속국가와 지배구조의 '경계' 혹은 '주변'에서 자신의 이익과 공동체의 질서를 유지하려는 사람들의 전략이었음을 상기한다면 다른 해석이 가능하다. 눈앞의 상황전개가 결코 낙관적인 것이 아니나 끝내 희망을 포기하지 않으며 살아낼 방도를 강구하는 사람들, 고단한 삶을 뒤집고 비트는 해학으로 극복하는 그들의 말. 느릿하고 점잖게 비유와 은유를 곁들여 생각을 말하고, 감정이 상하더라도 고상하게 받아치는 충청도의 말은 충청도 사람들의 인간미와 품격, 기백을 생각하게 한다.

충청의 언어가 주변과 동화되어 충청도 스타일을 오롯이 간직한 곳이 충남서해북부지역이라는 점도 충청도의 개방성과 포용의 관점에서 바라볼 수 있다. 경기와 전라, 경상도를 잇는 허리이자 온갖 세력과 정보가 흐르고 섞이는 중원의 땅에서 형성된 말과 문화가 고유한 정체성을 유지하는 것이 더 어렵기 때문이다. 새로운 사람과 함께 유입된 말이 충청의 말과 섞이고 변용되면서 생활권역에 따라 미묘하게 차이를 가지게 된 것이다.

충청도 서남지역의 방언 중에 '깨금발', '깨금박질'이라는 표현이 있다. 한 쪽 발을 들고 다른 한 발로 뛰는 것을 뜻하는 '깨금발'은 '앙감질'이 표준어다. '깨금발'은 '발뒤꿈치를 들어 올리는 것 또는 뒤꿈치를 들어 올린 발'이다. 우리가 흔히 아는 까치발. 그런데 이 글을 작성하며 찾아본 책에서 이 '깨금발'이 경상남도와 강원도방언 기록에 나타나며, '깨금박질'은 함경북도와 전라도 방언으로도 기록돼 있다는 것을 알았다. 내게는 충청남도 보령에서 유년시절 깨금발을 하고 놀았던 기억이 선한데, 그 말이 전국 팔도에서 사용된 말이고 행위였다니…

초기 여러 부족이 섞였지만 수년천이 넘는 세월동안 하나의 문화권으로 동화되고 하나의 언어를 발달시켜온 한반도에서 작은 언어의 차이를 놓고 너는 세련됐네, 너는 화통하네, 너는 응큼하네, 너는 촌스럽네 구분하는 것은 분리와 차별, 경쟁에 기초한 지배논리에 포획되고 결박되는 것에 지나지 않음을 다시 깨닫는다. 내용적으로 어중간하고 형식적으로 주변에 녹아드는 충청의 말은 정치, 경제, 사회, 문화적으로 지역과 사람을 의도적으로 구분하고 분리, 지배하고자 하는 시도에 보기 좋게 되먹임하는 전략적 말하기라는 것을 강조하고 싶다.

말을 잘 다루는 사람들은 은유와 비유를 통해 심정적 단서를 내보이며 품격 있게 말할 줄 안다. 직설적이고 감정적이면 관계를 망치고 자신도 상처를 입기 때문이다. 유명정치인들의 외교전에서 이러한 고단수 화법을 발견할 때 절로 무릎을 치게 된다. 자학은 할망정 가학하지 않으며, 직접적으로 받아치지 않고 교양 있게 돌려서 말하는 충청도의 성격, 그리고 재치와 유머로 갈등을 피하고 관조와 낙관의 시선으로 조화로움을 추구하는 충청의 말이 추앙받아야 할 이유다. 요즘처럼 사회갈등이 심해지고 양극화가 심해지는 시대에는 충청도 말의 모호함과 의뭉스러움이 오히려 유용한 치료제이자 달디단 설탕물이 될지 모른다.

그런데 이러한 충청의 말이 점점 사라져 가니 안타까움이 크다. 도시화와 정보화, 매체다양성, 다자간소통의 발달은 충청도 말은 물론 우리말을 더 빨리, 광범위하게 축약하고 소멸시키는 방향으로 나아가고 있기 때문이다. 타 지역 방언연구에 비하여 충청방언에 대한 연구가 상대적으로 적다는 점도 아쉬운 부분이다. 더 많은 충청의 말에 대한 연구, 충청의 말에 얽힌 사연들이 채록돼 충청의 언어 사회사, 문화사가 풍성해지기를 기대하며 글을 마친다.

참고문헌

남덕현(2013). 〈충청도의 힘〉, 양철북.

김정태 · 이명재(2021). 〈사투리로 읽어보는 충청문화〉, 충남대학교출판문화원.

박현순(2008). 조선후기 문과에 나타난 경향 간의 불균형문제 검토, 〈한국문화〉, 58권.

안상윤(2020). 〈충청도는 왜 웃긴가?〉, 휴먼필드.

어강석(2020). '청주목'의 역사 · 지리적 특성에 따른 지역정체성, 한국한문고전학회, 〈한문고전연구〉, 제41집 pp.107-131.

우희창(2023). 충청도 말의 의뭉스러움 : 비극과 희극의 경계에서 토론문, 충청언론학회 춘계학술대회 자료집.

이명재(2021). 〈속 터지는 충청말〉, 작은 숲.

이재열(2004). 〈충청지역의 사회의식과 지역정체성〉, 백산서당.

임동욱(2023). 충청도 말의 의뭉스러움 : 비극과 희극의 경계에서, 충청언론학회 자료집.

이재표(2019). 청주를 중심으로 본 충청인의 기질에 대한 충청도스타일 小考, 세종경제뉴스.

최지원(2016). 방송 프로그램에 나타난 충청도 소통 스타일의 체면 연구, 〈스피치와 커뮤니케이션〉, 제15권 제2호 pp.137-180.

연합뉴스(2014.8.16.). 한국천주교 일구고 피로써 신앙 지킨 순교자 124위.

중앙일보(1996.11.18.). TV개그界 절반이 충청도 出身

경향신문(2004.4.10.). 충청도는 어떻게 대한민국을 웃겼나

05

판소리 사설에 나타난 충청지역의 정서

05

판소리 사설에 나타난 충청지역의 정서[1]

최혜진(목원대학교)

1. 충청도와 판소리

충청도는 예로부터 충절의 고장, 양반의 고장으로 불리웠다. 판소리 흥보가에도 '충청도는 양반이 드세어서 살 수가 없다'고 하였으니, 양반문화가 매우 발달하였다는 점은 이론의 여지가 없다. 그렇지만 양반도 양반 나름이니 그 이념과 실천 측면에서는 매우 다양한 스펙트럼이 존재하였다. 충청도 특히 충남 지역은 기호학파[2]의 산실로 많은

1 이 글은 충청언론학회 · 대전세종연구원 공동주최 2023 상반기 학술대회(배재대학교, 2023. 06. 16.)에서 발표하고, 「충청지역 판소리 사설에 담긴 문화와 의미」(『우리문학연구』 80, 우리문학회, 2023)로 기고한 것을 수정하고 보탠 것임.

2 조선시대 이이의 학설을 따르는 성리학자들의 총칭. 경기도를 비롯해 황해도 · 충청도 지방의 학자들이 그 중심이 되었기 때문에, 이황의 학설을 따르는 영남학파와 구별해 일컬은 것이다. 기호학파의 학자들은 이이뿐 아니라 성혼 · 송익필(宋翼弼)에게서 두루 배웠으며, 이이의 문인 김장생(金長生)으로부터 송시열(宋時

유학자들이 활약했던 터전이었는데, 한편으로 18세기에는 내포지역을 중심으로 실학파 남인들[3]이 문화적 영향력을 끼쳤던 곳이라 할 수 있다.

『천일록(千一錄)』에 의하면, "충청도의 산천은 비록 산간이라 하더라도 깊고 가파른 산이 없고 평야라고는 하지만 광막한 평야가 없다. 샘이 깊고 흙이 비옥하며 수재와 한재를 입는 일이 적어 인민이 많다. 또 경기도와 경계를 접하고 있으니 수로와 육로가 모두 편리하므로 서울에서 대대로 이어오는 큰 집안들이 이곳에 향장(鄕庄: 시골의 별장)과 분산(墳山: 무덤이 있는 산)을 두고 차지하고 있으니, 시골의 가난하고 세력없는 사람들은 그 사이에서 버틸 수가 없다."[4] 고 하였다.

충청지역을 중심으로 발달되어 온 고제, 중고제 판소리는 이러한 충청지역의 기질과 문화 속에서 발생한 것이라 할 수 있다. 특히 충청지역의 판소리는 판소리의 원류를 밝히는 역사적 연원으로 주목되고 있다. 현재 중고제에 대한 연구가 꾸준히 축적되면서 중고제에 대한 특성이 다각도로 규명되고 있기도 하다.[5] 애초 중고제는 정노식의 『조선

烈) · 권상하(權尙夏) · 한원진(韓元震) 등이 학파의 중심을 이루었다. 그 밖에 성혼의 제자였던 조헌(趙憲)을 들 수 있는데, 임진왜란 · 병자호란 때 의병을 일으킨 것으로 유명하다. 이들은 조선 중기 이후 이루어진 서인으로서의 정치적 입장을 가지면서, 학문과 정치에서 동인과 대립하게 된다. (한국고중세사사전, 2007. 3. 30., 한국사사전편찬회)

3 남인(南人)은 조선시대 붕당의 하나로 동인(東人)에서 갈라진 정파이다. 정계에서 실각한 남인들은 17세기 이후 고향에서 학문과 교육에 전념하면서 유형원(柳馨遠) · 이익(李瀷) · 정약용(丁若鏞) 등과 같은 실학자들을 배출하였다. 이들은 현실비판의식을 통해 조선 후기 새로운 사회질서와 문화의식을 불러 일으키는데 일조하였으며, 당시로서는 매우 광범위한 개혁론을 주장하였다. (두산백과 두피디아)

4 〈千一錄〉 上. 조선후기 학자 우하영이 국정의 개혁안에 관해 논술한 정책서. 1796년 작.

5 서종문 · 김석배, 「판소리 중고제의 역사적 이해」, 『국어교육연구』 24, 국어교육학회, 1992.
배연형, 「판소리 중고제론」, 『판소리연구』 5, 판소리학회, 1994.
김종철, 『판소리사 연구』, 역사비평사, 1996.
이보형, 「심정순의 생애와 예술」, 『한국음악사학보』 18, 한국음악사학회, 1997.
정출헌, 「판소리 담당층의 변화에 따른 19세기 판소리사와 중고제의 소멸」, 『민족문화연구』 31, 고려대민족문화연구소, 1998.

창극사』나 이선유의 『오가전집』에서 사용된 중고조 중고제 등의 용례를 통해 살펴볼 수 있다.

그러나 '중고제'라는 용어는 지역적, 역사적, 유파적(음악적)인 변화양상에 따라 복합적인 의미를 지니며 변화해왔다고 할 수 있다. 중고제는 넓은 범위에서 판소리의 고제 스타일을 이어오면서 여기에서 파생된 예술인 가문의 명인, 명창들, 특히 경기, 충청지역에서 발생하고 향유되었던 전통 예술을 포함하기도 한다. 하지만 용어의 개념은 충청지역을 핵심으로 한 판소리로부터 비롯되었다는 점에 이론의 여지가 없다. 사설과 음악으로 이루어지는 판소리는 명창의 지역기반과 매우 밀접하게 연관되어 있다는 점 또한 당연하다. 그러한 점에서 지역의 판소리는 지역의 정서를 담고 있을 것이라는 점을 추론할 수 있다. 여기서는 충청지역에서 만들어지고 불려진 18세기, 19세기 작품과 작가, 명창을 중심으로 충청지역의 문화적 특징이 어떻게 나타나

조영규, 「금강 유역의 중고제 판소리 - 송흥록을 중심으로」, 연세대학교 석사학위논문, 1999.
김성경, 「중고제 명창 김창룡의 판소리 음악어법」, 『한국공연예술연구논문선집』 1, 한국예술종합학교 전통예술원, 2000.
신은주, 「판소리 중고제 고제론-악조와 선율에 근거하여」, 『한국음반학』 12호, 한국고음반연구회, 2002.
신은주, 「판소리 중고제 연구-SP음반 수록곡의 선율 분석을 중심으로」, 서울대대학원 석사학위논문, 2002.
배연형, 「이동백 춘향가 연구」, 『판소리연구』 15, 판소리학회, 2003.
신은주, 「김창룡 명창론」, 『판소리연구』 15, 판소리학회, 2003.
이보형, 「유파 개념의 중고제와 악조 개념 중고제」, 『판소리연구』 23, 판소리학회, 2007.
신은주, 「충청지역 판소리 문화의 역사와 전승양상」, 『한국음악사학보』 40, 한국음악사학회, 2008.
배연형, 『춘향가 심청가 소리책』, 동국대학교출판부, 2008.
배연형, 『판소리 소리책 연구』, 동국대학교 출판부, 2008.(「판소리 소리책 연구」, 동국대대학원 박사학위논문, 2004)
신은주, 『판소리 중고제 심정순家의 소리』, 민속원, 2009.(「판소리 중고제 심정순바디 연구」, 서울대대학원 박사학위논문, 2007)
정병헌, 「중고제 판소리를 바라보는 관점과 지향」, 『지식과교양』 3, 목원대교양교육혁신연구센터, 2019.
신은주, 「중고제 심청가 〈범피중류〉 연구」, 『판소리연구』 27, 판소리학회, 2009.
최혜진, 「충청지역 판소리 문화 유적 현황 연구」, 『구비문학연구』 48, 한국구비문학회, 2018.
최혜진, 「충청지역의 중고제 판소리의 역사성과 지역성」, 『판소리연구』 32, 판소리학회, 2011.
최혜진, 『판소리 명창의 비조 최선달 연구』, 『판소리연구』 45, 2018. 판소리학회, 『서천의 판소리와 중고제』, 서천군, 2016.

고 있는지를 살펴보는 것이 목적이다.

2. 판소리의 전통과 지역

판소리의 시작을 알리는 명창 광대의 출현은 1726년생 최선달(최예운, 1726-1805)에서 비롯된다. 최예운의 실존이 밝혀짐으로써 판소리사의 절대연대 기점이 새롭게 조정될 수 있었다. 그리고 그동안 가장 이른 작품 기록으로 알려진 유진한(1712-1791)의 〈춘향가〉(1754년 작)와 신광수(1712-1775)의 시 속에 그려진 문희연 관련 광대 원창과의 기록(1750년) 등은 초기 판소리의 모습을 보여주는 귀중한 자료로 지속적으로 인용되어 왔다.

하지만 이들이 모두 충남 지역에서 거주하며 동시대를 살았다는 점에 대해서는 잘 모른 채 지나쳐 왔다. 최예운은 대대로 결성에서 살았던 해주최씨 가문에서 태어났고, 유진한 역시 선대로부터 천안(목천) 지역에서 세거했던 향반이었으며, 신광수는 서울에서 태어났지만 서천에 가문을 두고 어린 시절부터 작고시까지 서천 지역에서 살며 활동했다.

이들이 활약했던 18세기는 판소리가 그 정체성을 확립하고 명창 광대의 계보가 생겨나기 시작했던 시기다. 이 시기의 판소리를 고제 판소리라 부를 수 있을 것이다. 초기 판소리 중 가장 오래된 기록인 유진한 작, 만화본 〈춘향가〉는 타령조로 부르기 위해 지어진 사설인데 한자로 기록되어 있다. 18세기 당시 긴 이야기를 노래에 얹어 사실적이고 연극적인 소리가 태어나게 되자 양반은 물론 전문가객이나 창우집단의 광대들이 본격적으로 활약하기 시작했다. 19세기 초에는 경기 충청지역의 염계달이나 김성옥을 중심으로 사설과 음악이 법제화 되어가니 이것을 지금 우리는 '중고제'라 부른다. 이 고제와 중고제 판소리로 지목된 작품들은 특히 충남지역을 중심으로 하여 그 예술성을 발전시켜 나갔고, 점차 판소리계 소설과 이본으로 확대되어 나갔다.

후에 송흥록을 중심으로 새롭게 유파를 형성해나간 동편제와, 박유전을 중심으로 발전한 서편제가 발달하면서 판소리는 기술적 요소가 특화되고 점차 세련화되는 길을 열었다. 20세기 이후에는 '남도음악' '남도판소리' 등으로 불리는 진한 전남권 정서의 맥락이 생성되었다. 그러므로 판소리가 현대와 같이 남도권의 애잔하고 서정적이면서도 기교가 넘치는 스타일이 만들어지기 전, 역사적으로 훨씬 앞서는 예술적 발전의 시원지가 바로 경기, 충청권, 특히 충남권에서 이루어졌다는 것을 인식할 필요가 있다. 충남권은 팔도의 예인들이 모이기 좋은 곳이면서 교류와 융합이 이루어지고 물적 자산과 상품의 유통이 활발히 일어났기 때문에, 새로운 문화적 창조가 일어나기 좋은 여건을 가지고 있었던 것이다.

이 글에서는 고제와 중고제 판소리로 지목될 수 있는 〈춘향가〉와 〈심청가〉를 통해 그 문학적 의미를 살펴보고, 현대 창본과 다른 지점을 살피면서 과거 충청지역의 정서와 미학을 알아보고자 한다.[6] 초기 판

6 두 작품을 바탕으로 충청지역의 정서나 문화를 보편적으로 해석하는 것에 대한 위험이 존재하는 것은 사실이다. 하지만 작가나 명창이 밝혀진 판소리가 흔치 않고 또한 18세기 19세기 충청지역에서 '분명히' 불렀던 사설들이 현재 거의 남아있지 않다는 점을 고려하면 초기 판소리는 지금보다 더욱 지역적 정서가 바탕이 되어 '창조'되고 '공연'되었을 것이라 본다. 그러한 점에서 이 두 작품은 충청지역 판소리의 대표성을 가지는

소리 형성기와 연관된 사설 작품들은 지역적 정서를 반영하였을 것임은 판소리의 역사적 근원을 통해서도 알 수 있다.[7] 여기서는 충청지역에서 발생한 판소리 사설의 특징을 살펴보기 위해, 유진한의 〈춘향가〉와 방진관 창본 〈심청가〉를 중심으로 살펴보기로 한다.

3. 충청도 양반이 쓴 최초의 <춘향가>

유진한(柳振漢, 1712.7.1.-1791.10.02.)은 충청도 목천군 이동면 만화동에서 태어났다. 증조부 매헌공이 목천 만종산 아래 분토골에 집을 짓고 꽃과 나무를 심고 '만화동(萬華洞)'이라 하였는데, '만'자를 늦을 만(晩)으로 바꾸어 '만화당(晩華堂)'으로 호를 삼았다. 그는 1753년 속리산, 계룡산과 호남지방을 유람하고 돌아와 가사 〈춘향가〉 이백구를 지었는데[8], 이것이 현재 전하는 가장 오래된 〈춘향가〉이다.

이 〈춘향가〉는 판소리의 역사를 말할 때 가장 먼저 인용되는 작품인데 그간 오독되어 온 바가 있어 주의를 요한다. 특히 충청도 향반이 남긴 〈춘향가〉가 한시체로 되어 있어, 이러한 문화 현상을 어떻게 해석할지도 면밀히 고심해야 할 필요가 있다. 이 시기는 판소리 최초의 명창 최선달(1726-1805)의 생존 시기와도 겹쳐 있어 판소리의 발생을 해

창본으로 보아도 무리가 없다.

7 지역과 판소리의 생성에 대해서는 최혜진, 「판소리의 생성, 향유와 지역성」, 『어문연구』 89, 어문연구학회, 217~240면. 최혜진, 「충청지역 중고제 판소리의 역사성과 지역성」, 『판소리연구』 32, 판소리학회, 2011, 323~358면. 참조.

8 유진한 지음, 송하준 역, 『국역 만화집』, 학자원, 2013. 394, 410, 411면.(연보)

명하는 주요 단서가 되기 때문이다.

〈춘향가〉가 지어진 때는 1754년 봄으로 그의 연보에 분명하게 남아 있다. 막내아들 유금(1771-1835)이 지은 〈행록〉에는 "선친께서 〈춘향가〉를 지으셨다가 당시 선비들에게 놀림을 받았다"고 기록하고 있다.[9] 놀림을 받은 이유에 대해서는 나타나있지 않으나 유진한이 가사의 형식을 빌어 '타령'의 노랫말을 지었던 사정이 당시 양반들의 문화와 어울리지 않았기 때문일 것으로 짐작된다. 당시 양반들은 물론 유진한조차 자신들의 글재주를 바탕으로 시를 겨루며, 가곡이나 풍류 등을 즐기는 것이 일반적이었기 때문이다. 특히 유진한은 효성이 지극하고 우애가 깊었으며 글을 잘 지어 유명하였다. 평생 글을 읽으며 과거 시험을 보아 초시에 열 번이나 급제를 했지만 대과의 문턱을 넘지 못해 벼슬을 하지 못했다. 하지만 그는 경서에 밝고 행실이 반듯했다. 이러한 그가 42세 때 산천 유람 후 〈춘향가〉를 지었던 것이다. 당시 유진한의 절친 신광수가 이미 가객이나 기생들에게 노래 사설을 지어주어 유명세[10]를 타고 있었기 때문에, 그에 대한 영향을 받았을 것이다. 그는 〈춘향가〉 말미에 다음과 같이 자신의 의도를 적었다.

奇談祇可詠於歌	기이한 이야기는 노래로 읊음직하고
異蹟堪將繡之梓	색다른 자취는 책에 실을 만하다네
騷翁爲作打鈴辭	시인이 이렇게 타령 사설 지었으니
好事相傳後千祀	호사가들 서로 전해 천년토록 이어지리

9 유진한, 위의 책, 359면.

10 신광수가 1746년에 지은 '관산융마'는 평양 교방에서 시창으로 불리워지면서 유명세를 탔고, 기생은 물론 가객들과도 교류하였다. 그가 1750년 과거급제시 문희연에서 광대 원창에게 써준 부채의 시 역시 유명해져 후에 영조에게도 알려졌을 정도였다.

곧 기이한 이야기를 노래로 만들기 위해 이 사설을 지었다는 것이고, 기이한 그 이야기를 책에 실어 전하기 위한 것이라 하였다. 그리고 이 사설은 바로 '타령'(판소리)용 사설이라 명시하고 있는 것이다. 따라서 이를 바탕으로 다음과 같은 추론이 가능하다. 유진한은 여러 지방을 유람하다 호남지역에서 춘향 관련 이야기를 들었을 것이고, 당시 유행하였던 '타령'에 이 사설을 얹어 부르도록 했다. 그리고 이 양식은 가사창이 통속화되어 불리워지던 '잡가'에 가까웠을 것이다. 곧 조선 후기 잡가에서 유행하던 기생타령, 도화타령, 날개타령 등에 그 장르를 기댄 것이며, 타령조에 이야기를 얹은 양식이었던 것이다.

1754년 〈춘향가〉가 만들어질 당시는 새로운 음악문화가 만들어지고 있었다. 최선달(최예운) 명창이 활약하고 있었고, 〈춘향가〉에 앞서 〈배비장타령〉이 불리웠을 가능성도 파악할 수[11] 있다. 곧 유진한이 최초로 〈춘향가〉 사설을 지었지만 이 당시는 지금과 같은 판소리가 아닌 타령류 잡가로 불렀던 것이다. 이것이 바로 판소리 초기의 모습이었던 것이다. 그리고 이 〈춘향가〉는 결성의 최선달과 목천의 하한담에 의해 소리가 다듬어져 큰 인기를 얻어갔다. 그렇다면 유진한의 〈춘향가〉는 어떠한 내용과 주제로 이루어져 있을까. 현재 전해지는 〈춘향가〉 사설과 어떠한 점이 다른지 살펴보자.

유진한의 〈춘향가〉는 '支'를 압운으로 하여 지어진 7언 한시체로 두 구를 한 짝으로 이루고 있다. 이 한시 〈춘향가〉는 도입부-내용-결말부

---

11 유진한, 위의 책, 〈춘향가〉 중 이별 시에 '한가락 슬픈 곡조 위에 오르네. 장성에선 차마 어찌 갈희 눈을 잊었으랴. 제주에선 배비장이 앞니를 남길 테지'라는 구절이 있음. 201면. 하지만 이 진술만으로 당시 〈배비장타령〉이 있었다고 장담하기는 어렵다. 소설을 읽었을 가능성도 있기 때문이다.

로 이루어져 있는데, 도입부는 다음과 같다.

廣寒樓前烏鵲橋	광한루 앞에 있는 다리가 오작교니
吾是牽牛織女爾	이 몸은 견우이고 직녀는 너로구나
人間快事繡衣郎	세상 제일 멋진 일은 수의어사 낭군님과
月老佳緣紅粉妓	월노가 연 맺어준 예쁜 기생 얘기라네
龍城客舍東大廳	전라도 남원고을 용성과 동대청에서
是日重逢無限喜	이날 다시 만나니 한량없이 기쁠시고[12]

화자는 이 이야기가 남녀의 사랑이야기라는 점을 말하고, 헤어졌다 다시 만난 기쁨을 맨 앞에 기록했다. 곧 이 〈춘향가〉는 주인공 두 사람이 재회한 시점에서 현재를 설명하면서 과거를 회상하는 역순행 구조를 가지고 있는 것이다. 그리고 이야기를 마칠 때는 앞의 예문과 같이 화자의 감회를 서술한 후 이야기를 기록하는 작가의 의도를 보여주며 끝맺고 있다. 이러한 포폄을 포함한 이야기 진술방식은 양반들이 즐겨 쓰던 야담의 이야기 방식이다. 다만 노래를 염두에 두고 지어진 사설이니 한자로 운을 맞추고 우리나라 말에 가까운 악부체로 서술했다.

유진한은 전지적 작가시점으로 〈춘향가〉를 노래했다. 그 내용은 다음과 같다. 배경은 삼월 삼짇날이며, 남원고을 책방에서 글을 읽던 이도령과 절세미인 춘향이 봄나들이를 나가 서로 만나는 것으로 되어 있다. 이도령은 열여섯, 춘향은 열다섯으로 설정되어 있다. 그네를 타

12 유진한, 위의 책, 197면.

던 춘향을 보고 이도령의 춘정이 발동한다. 이도령은 이미 기방 출입 십년(?)의 경력이 있으나 보지 못한 미인을 보게 된 것이라 한다. 춘향의 신분은 청루의 기생으로 설정되어 있다.

첫날 밤 이도령은 불망기를 써서 주고 이후 춘향과 사랑에 빠진다. 이도령은 내아에서 시시때때로 누이에게 춘향을 자랑한다. 부친의 임기가 만료되어 떠나갈 때 이도령은 이별 한에 간장이 찢어진다. 그리고 춘향에게 맹세하기를 '이 고을 태수자리가 혹시 못되어도 전라도 감사가 되어 다시 올 것이다'라며 석별의 정을 나눈다.[13]

한양에 온 이도령은 춘향과의 약속을 기억하며 공부를 열심히 하여 춘당대 알성과에서 장원급제를 한다.[14] 이도령은 교서관, 홍문관을 거쳐 호남 어사로 특차되어 내려간다.[15] 헌 옷 입고 몰래 내려가던 이어사는 남원고을 관아 소식을 농부에게 묻고 그 농부는 춘향의 소식을 전해주며 이도령을 괘씸하다고 말한다. 춘향집을 찾아가 월매를 만난 후 옥에 갇힌 춘향과 재회하니, 그간의 사연을 춘향이 울며 얘기해준다. 춘향은 '버젓이 서방 있는 아녀자를 탐내더니 백주에 위세 부려 겁탈하려 하더이다.'라며 '열녀는 두 지아비 섬기지 않음을 잘 알기에 몸 허락한 그 때부터 죽음으로 맹세했다'고 전한다. 그리고 다음날 죽게 되면 자신을 잘 거두고 제문을 지어달라 유언한다.

다음날 관아 잔치에 남루한 차림으로 나아간 이어사는 시 한수를 짓고 어사출두를 외친다. 그의 시는 '천 사람이 흘린 눈물 촛농되어 떨어

---

13 유진한은 이 구절에서 희담을 자꾸 한다고 하며 남도 풍속이 속되다고 비판했다.(202면)

14 과거를 보는 장면과 급제시의 연향에 대해 자세히 설명함

15 어사노정기가 매우 자세하게 나옴

지고 만백성의 기름 짜내 술동이엔 밥풀이 떴네'[16]이다. 아수라장이 된 관아를 정리하고 본관 죄를 다스린 후 옥에 갇힌 춘향을 풀어주게 된다. 관아에서 상봉하니 환호성으로 남원이 들썩인다. 이어사는 기적에서 춘향을 빼주고 서울로 데려가 해로하며 살게 되는데, 정렬부인 교지를 받고 귀한 집안 따님들과 동서가 되어 지내게 된다. 해로하고 둘이 사랑하는 모습을 길게 부연한 뒤 작가의 말로 끝맺게 된다.

전반적으로 만화본 〈춘향가〉의 내용은 현재 전승되고 있는 창본의 내용과 묘사와 크게 다르지 않다. 한시이지만 세밀한 묘사와 에피소드 등이 거의 담겨 있어, 〈춘향가〉의 초기 모습을 잘 보여주고 있다. 하지만 후대에 〈춘향가〉가 춘향을 주인공으로 하는 시점으로 그려지는 반면, 이 〈춘향가〉는 이도령을 주인공으로 하는 시점으로 하고 있는 점이 가장 큰 차이점이다.[17] 이도령이 기생 춘향을 만나 사랑을 하고 서로의 약속을 지켜 열녀와 어사로 만나는 것으로 그려지는 것이다. 이도령이 과거시험을 보는 내용이나 농부들과의 대화, 본관 잔치 시의 풍경과 출두 장면, 후일담 등이 모두 이도령의 시선을 중심으로 전개된다.

춘향은 기생이지만 정렬부인이 되는 파격이 잘 살아있음도 특징이다. 후대에 이를수록 춘향의 신분은 기생이 아닌 양반 서녀로 격상되고 있어서, 신분 문제가 희석된다고 할 수 있는데, 유진한은 춘향이 기생이라는 점을 분명히 했다. 한편 변사또의 존재가 직접 언급되지 않

---

16 '千人有淚燭燃蠟 萬姓無膏樽泛蟻'(213면)

17 이도령의 목소리가 우세하게 드러남은 이지영, 「〈만화본 춘향가〉의 서술방식과 주제의식 고찰」, 『국문학연구』 45, 국문학회, 2022, 155~182면에서 밝혔다.

는다는 점도 특징인데, 만화본 〈춘향가〉에서는 제삼자의 진술을 통해 변사또의 비리와 폭정을 알 수 있을 뿐이다.

곧 유진한은 〈춘향가〉를 통해 남녀의 사랑이 신분을 초월하고 있다는 점을 그리고 있으며, 이도령을 통해 선정(善政)에의 의지와 필요성을 함께 그리고 있어 자신의 욕망을 투사하고 있는 것으로 생각된다. 이러한 내용은 호남에서 전해지는 이야기가 춘향 설화인 데 비해 유진한의 작가의식이 풍부하게 반영된 작품으로 재탄생한 것으로 보아야 한다. 유진한 이후 신위의 〈관극시〉에 영향을 받은 윤달선이 1852년 〈광한루악부〉를 108수의 칠언절구 한시로 짓기도 하였다. 윤달선은 판소리 〈춘향가〉를 즐기면서도, '열'의 문제나 신분적인 문제를 주목하지 않고 낭만적인 사랑이야기로 다루고 있다는 점에서 차별화된다. 곧 18세기 유진한의 〈춘향가〉는 신분의 문제를 과감하게 다루면서 두 주인공의 성장과 사회적 문제를 아울러 이야기하고 있다는 점에서 매우 진보적인 지식인의 입장에 서있다는 것을 알 수 있다. 이도령을 통한 청렴결백한 관리상을 다루면서 남녀의 연애와 성취, 개인의 성장을 보여주며, 신분을 초월한 각 계층의 목소리를 전달하며 사회에 대한 비판을 하고 있는 것이다.

4. 방씨 가문의 전통 판소리 <심청가>

방진관(방응교)은 19세기 전기 팔명창 중 한 분인 방만춘의 손자이다. 방만춘은 서산 해미 출생으로 〈심청가〉와 〈적벽가〉에 출중했다고 전해진다. 방만춘은 22세 무렵 서울에서 성명을 날린 후 황해도 봉산의 어느 절에서 수련하면서 득음하였다 한다. 그런데 이 무렵 봉산의 음률가로 시문에 소양이 있는 사람과 함께 〈심청가〉 〈적벽가〉를 고전에서 윤색 개작하였는데, 〈심청가〉는 그 손자가 보존하였다고 전해졌다.[18] 그 손자가 바로 방진관이라 할 수 있다.

〈심청가〉 이본 중 허홍식 소장본은 바로 방진관이 부른 〈심청가〉를 바탕으로 이루어진 창본으로 알려져 있다. 이 허홍식 소장 〈심청가〉 낙장 54장본에는, 장단이 같이 기재되어 있어 방진관이 불렀을 〈심청가〉의 모습을 엿볼 수 있다.[19] 방진관은 집안에서 내려오는 고제 소리를 보유하고 있었으며, 20세기 전반까지 홍패고사를 할 줄 알았던 중고제 명창이었다. 하지만 그는 당시 서울을 중심으로 조선음률협회, 조선성악연구회 등에 명창들이 집결하여 활동할 때도 합류하지 않았다. 박동진 증언에 의하면 고조(古調)로 부르던 그의 소리는 '충청도 소릿조'[20]였다.

방진관은 빅터 유성기 원반[21]에 이동백, 임방울, 임옥돌, 심상건, 정광수와 함께 〈적벽가〉를 남긴 바 있다. 방진관의 소리는 계면조 대목에서도 슬픈 설움조의 느낌이 강하지 않으며, 시김새가 많지 않고 일정한 성량으로 정대하고 평안한 가곡풍의 느낌을 주고 있다고 분석된

---

18 정노식, 『조선창극사』, 조선일보사, 1940.

19 박성환, 「중고제 판소리 명창 방만춘, 방진관 연구」, 『한국학연구』 35, 고려대한국학연구소, 2010, 45면.
배연형, 『판소리 소리책 연구』, 동국대출판부, 2008, 434~462면.
성기련, 「1930년대 판소리 음악문화 연구」, 서울대박사학위논문, 2002.

20 성기련, 위의 논문, 137~139면.

21 빅터 유성기 원반 시리즈(13) 〈1930년대 판소리 걸작집 이동백 임방울 임옥돌 방진관 심상건 정광수 (서울음반 1994)

다.[22] 장단 변화가 적고 평이하게 이야기를 끌고 가는 점도 중고제적 특징을 보여주고 있다. 곧 평,우조적 표현, 대마디대장단, 단조롭고 반복되는 선율 구조, 가곡풍의 창법 등이 그것인데 방진관은 이러한 음악적 특징을 보여주고 있으며, 우리는 현재 이러한 판소리를 중고제라 하고 있는 것이다. 방진관의 〈심청가〉 역시 그러한 특징을 보유하고 있다. 여기서는 사설을 통해 〈심청가〉가 보여주고자 했던 점이 무엇인지 살펴보고자 한다.

1) 꿈과 운명적 세계관

방진관 창본 〈심청가〉에는 꿈을 서사적 장치로 이용하여 인간의 운명적 질서를 보여준다. 이야기 속에 많은 꿈이 나타나지만 대개 꿈은 앞날의 예정된 사건을 미리 전달하거나 암시하는 역할을 한다.

가장 먼저 나타나는 꿈은 심청의 태몽이다. 심봉사 부부는 함께 꿈을 꾸는데, 삼신이 나타나 자식을 점지한다. 삼신은 아기를 곽씨부인에게 주며 '천상옥경 태을선관 막내딸 심청인데, 상제께 득죄하고 적하인간 내치시어'[23] 인간으로 오게 되었음을 설명한다. 곧 천상에서 지은 죄를 지상에서 속죄하는 적강형 구조인 것이다.

한편 심청이 물에 빠졌다가 옥황상제의 명으로 장생화로 환생하고, 천자의 뜰에 있을 때, 천자의 꿈에 선관이 내려와 지시한다. '선녀를

---

22 박성환, 위의 논문, 61면.

23 허흥식 소장 창본 심청가, 『심청전전집』3, 박이정, 1998, 12면.

하강시켜 황후를 봉하시니 장생화를 살피시면 상서될 줄 알 것이다'[24] 라는 꿈을 깬 후 장생화 속에 앉아있던 심청을 황후로 맞았던 것이다. 방진관본에는 천자가 화초가꾸기를 즐기거나 화초타령의 내용은 보이지 않는다.

그리고 황후가 된 심청의 꿈에 모친 곽씨부인이 나타나 모친상봉이 이루어지는 것도 특징이다. 모친상봉이 여타의 창본에서 주로 용궁에서 이루어진 것과 달리, 여기서는 심황후의 꿈에서 이루어지며, 모친이 부녀상봉을 위해 맹인잔치를 배설하라는 부탁을 남기고 사라진다. 심청은 미리 천자께 자신의 애초 처지와 부친에 대한 실정을 고했고, 천자는 조서를 내려 도화동의 심봉사를 찾았으나 부지거처였던 것이다. 꿈에 나타난 모친의 지시로 천자는 맹인잔치를 열도록 반포하여 황성으로 전국의 맹인들을 불러올리기 시작했다. 이로써 심봉사 역시 맹인잔치에 참여하게 되는 것이다.

심봉사는 맹인잔치 올라가는 길에 목욕하다 의복을 도둑맞고 간신히 의관을 얻어입고 길을 나선다. 그러다 꿈을 꾸게 되어 맹봉사에게 꿈 해몽을 부탁하는데 '불에도 다니고, 내 몸을 껍질 벗겨 북도 메고 나뭇잎 떨어져서 뿌리도 덮혀 보이니 그 아니 흉몽'이냐고 묻는다. 그러자 맹봉사는 '불꽃이 발 위에 있으니 펄펄 뛰어 즐거움을 볼 것이오, 내 몸을 껍질 벗겨 북을 만들었으니 북을 치면 궁성이라 궁궐에서 살 것이오, 나뭇잎 떨어져 뿌리를 덮었으니 낙엽이 뿌리로 돌아가니 자녀를 만날 것이라 꿈이 매우 좋사오니 그아니 대몽'이냐고 한다.[25] 흉

24 허흥식 소장 창본 심청가, 위의 책, 44~45면.

25 허흥식 소장 창본 심청가, 54면.

몽을 길몽으로 해석하여 미래의 복을 암시하고 있는 것이다. 결국 심봉사는 꿈대로 즐거움을 누리며 딸과 만나 궁궐에서 살게 되었다.

꿈을 통해 사건을 암시하고 복선을 주는 기법이 여타의 〈심청가〉와 달리 매우 빈번하게 쓰이고 있음을 알 수 있다.

2) 제의적 장면과 풍속의 반영

방진관 창본에서 두드러지는 특징은 제의적 장면이 많이 쓰인다는 것이다. 심봉사 독축, 곽씨부인 죽음, 남경선인 등장, 심청 투신, 심청 위령제 등에서 당대 제의와 연관된 장면들의 묘사가 비교적 상세하게 동원되고 있다.

먼저 심봉사 독축은 심청이 탄생하고 잘 자라기를 비는 대목으로 대개의 창본에서 드러나지만, 방진관 본에서는 심청 탄생 전과 후 두 번에 걸쳐 경소리로 나타나고 있다.

> 〈아니리〉… 심봉사 겁을 내어 세수 관망 정리하고 정한수 길어다가 소반에 받쳐놓고 두손 합장 꿇어앉어 삼신전에 빌것다 눈 뜬 사람 같으면 오죽 잘 빌것느냐만 **소경은 천성지인이라 경소리로 나가겄다.**
>
> 〈엇모리〉 비난이다 비난이다 삼신전에 비난이다 임자생 제주가 나이 연장 사십이나 첫 아기 노산이니 누추하온 허물은 추리쳐 버리시고 여생 여달같이 금광문 하달문 고이고이 열어주오 빌기를 마친 후에 천신이 감동하사 순산으로 나는데 아기소리 나는구나 심봉사 달려들어 어둔 눈에 더듬어서 아기 받어 삼 가를제 탯줄 훑어 실로 매고 입으로 탯줄 끊어 포대기에 싸 뉘이고
>
> 〈아니리〉… 첫국밥 급히 지어 짚자리에 차려놓으니 심봉사 꿇어 앉

> 어 삼신 전에 빌것다
> 〈평장단〉 비난이다 삼신전에 비난이다 십이대 독신으로 녕장 사십 첫 자식을 점지하여 주옵시고 어지신 산신님이 문을 고이 열어주니 삼신덕택 창해같고 백골난망 깊은 덕을 어찌하여 갚소리까 입은 덕도 태산이나 새로이 덕을 입혀 넉살 홍살 단명살을 모두 물려 제감하고 동방석의 진진명과 석숭의 복을 주어 연화같이 부성하고 난초같이 고이 자라 태평함을 바라니이다[26]

이러한 무속적 세계관은 작품 곳곳에 드러나는데, 곽씨부인 죽음 대목에서는 상두꾼들의 발이 붙어 떨어지지 않아 심봉사가 애긍히 빈 연후 떨어지게 된다.

> 〈아니리〉 문전에 나가려 할 제 상두군들 발이 붙어 떨어지지 아니하니 발인꾼이 대경하여 애고 이게 웬일이요 이게 다름아니라 죽은 혼이라도 소경 가장과 유체 어린 여식을 두고 종내 못잊어 넋이라도 아니 가고 이 지경이 되어시니 심봉사 어린 것 안고 나와 하직이나 망종 하오 심봉사 듣더니만
> 〈평장단〉 애고 그게 웬 말이요 어린 것 품에 안고 더듬더듬 나오면서 기막힌 세한숨은 봉래산 안개로다 신체를 만지면서 어찌하여 이리 하노 못다 갚은 원수를 다 갚자 이리 하니 그대 죽은 혼이라도 설워 말고 어서 가오 황천객이 되는 후에 날 색각 쓸데없네 그대 죽은 넋이라도 이것을 생각하와 귀이 되게 점지하고 멀고먼 황천길에 어서 바삐 돌아가오
> 〈아니리〉 앙천애곡하여 우니 상두군도 낙루하고 동네사람 구경하다 아니 울 이 뉘 있으랴 **그제야 떨어져서 북망으로 상하올제**[27]

---

26 허흥식 소장 창본 심청가, 14면. 현대역 필자.

27 허흥식 소장 창본 심청가, 19~20면. 현대역 필자.

상여소리 대신 이와 같은 상여군 부착 사건이 삽입된 것은 한이 많은 곽씨부인의 처지를 더욱 부각시켜 슬픔을 증폭시킨다고 할 수 있다. 그리고 이러한 망자의 한이 일으킨 부착 사건은 그 혼을 달래는 굿을 통해서만 해소되는 것이다.

심청의 인당포(수) 투신을 전후한 남경선인들의 제의적 묘사는 상세하고 구체적이다. 그들의 안전과 풍요를 위한 뱃고사는 물론, 제물을 바치는 상황과 내용이 많은 비중으로 삽입되어 있다. 서산 혹은 황해도 등이 서해안과 연접되어 있고, 포구 중심의 많은 상업 분야에서 이루어졌던 제의와 연관되어 있을 것이라 생각된다. 특히 심청이 죽고 난 후 1년이 되던 해 이루어진 심청의 위령제 또한 매우 묘사가 상세하여 방진관의 〈심청가〉가 무속이나 현실적 제의를 매우 많이 반영하였을 것으로 추정된다.

3) 현실적 가난과 삶의 문제

방진관 창본 〈심청가〉에서는 심청이 겪는 여러 고난과 가난의 모습이 매우 현실적으로 그려져 있다.

> 〈평장단〉 저의 부친 출입하면 지팽이도 얻어 주고 수족도 주무르며 가려온 데 긁어주고 옷에 이도 잡어주고 물 심부름 불 심부름 걱정없이 다하면서 앞에 앉어 도란도란 잔새살이 비상하니 심봉사 아내 죽고 여광여취하던 마음 심청이로 시름 풀 제 세월이 여류하여 심청 나이 십오세라 위친지심 극진하고 인의화순 덕이 밝어 금세상에 이런 아이 또 있는가

〈아니리〉 … 소녀가 밥을 빌어 양 때 봉친 하오리다 … 양반의 여자로서 번아한 대로변에 어디를 갈까보냐 상없는 말 내지 마라 심청이 극진한 뜻 좋은 말로 여짜오되 위친공경 하려 하오면 양반인들 관계하오며 아버님을 생각하오면 염치를 보오리까 영언간청 애원지심 백번이나 위로하고 밥을 빌러 나간다

〈평장단〉 **엄동설한 베속곳에 깃만 남은 헌 저고리 다 떨어진 행자치마 알발에 짚신 신고 박짝 하나 옆에 끼고 동지납평 소대한에 몹쓸 악풍 드리불고 백설이 펄펄 흩날릴 제 양지를 의지하여 남북촌 동서리를 거주없이 찾어갈 제 제 마음이 청간 되고 염치가 자심하여 이 문에 가 접붓접붓 저 문에 가 디웃디웃 시문에 누은 개는 컹컹 짖고 내다르니 심청이 어린 마음 기색하여 벌벌 떨며 안목으로 개를 쫓고 간신히 밥을 빌러 왔사오니 각기 한 술 덜 잡숫고 십시일반 글렴하오면 부친공경 하겠네다 이렇듯 애걸할 제 동네 중의 괴이한 계집 독살스럽고 인정없어 사람을 몰라보고 함박 쪽박 뒤지며 너의 아버지 심맹인도 사흘 건너 다니면서 오면 먹고 받어 가더니 … 대체 내게 무슨 신세 지녀 일생 밥을 달라느냐 구박 출송 쫓아내니**

〈아니리〉 가련타 심청이 죽고 없는 어머니를 거주 없이 부르면서 어줄없이 벌벌 떨 제 동네 중에 착한 부인 심청의 손을 잡고 날이 차다 들어가자 심청을 이끌어 방에 앉히고 어안을 시긴 후에 네 부디 종종 오라 하며 밥과 반찬을 많이 주니 심청이 황공하여 난망지은 치사하고

〈평장단〉 집으로 돌아올 제 황령에 찬비 비천적 어두웠고 서산내실 풍설 중에 거주없이 오는 거동 반야산 부모이별 숙낭자의 모양이라 진동한동 바삐 올제

열다섯이 된 심청이 아비 대신 밥을 빌러 동네를 전전하다 구박을 받는 모양이 매우 현실적으로 묘사되고 있다. 심청의 가련한 형상과 염치없는 구걸, 박한 인심으로 쫓아내는 이웃의 모습까지 그리고 있어 가난의 문제가 더욱 부각되어 있다. 이러한 현실적 문제는 심청의

효성과는 별개로 사회적 약자와 장애인들의 삶이 피폐함을 그리고 있어 대단히 문제적이다. 결국 심청의 투신은 가난의 문제를 현실적으로 극복하지 못한 약자들의 비극이기 때문이다.

4) 심봉사의 개안과 주제

영보산의 몽은암 중이 제시한 공양미 삼백석은 심봉사 욕망 충족의 대가로 딸의 생명을 바치는 결과를 낳는다. 심청은 기절을 하며 쓰러진 심봉사에게 '쌀 삼백석 도로 찾어 남경장사에게 보내리다'라고 거짓말을 하여 아버지를 안심시킨다. 잠이 든 심봉사를 두고 집을 나서며 도화동 사람들에게 부탁하고 인당수 길을 떠나간다. 그것은 일편단심 아버지 눈을 띄우겠다고 먹은 뜻을 변할 수가 없기 때문이다.

방진관의 〈심청가〉에는 장승상부인이 등장하지 않기 때문에 심청을 만류하거나 도와줄 보조자 역시 없다. 심청 스스로의 결단으로 목숨을 바쳐 아버지께 효도해야 한다는 신념이 〈심청가〉를 관통하고 있다. 이러한 효에 대한 인식은 매우 관념적이고 이념적으로 그려져 있어, 심청의 투신 장면에서조차 심청은 매우 품위있는 효녀로서의 자질을 잃지 않는 것으로 그려진다.

> 〈진양조〉 방색 없이 일어나서 하나님께 축수하되 일월성신 밝으시니 명천이 아옵시고 제불신명 부처님도 천덕으로 밝히시고 사해수부 용왕님네 다 굽어 보옵소서 불초한 심청이는 부친 눈 띄우려 위친으로 투강하오니 누추함을 생각 말고 부친 눈을 밝히소서 지성으로 비는 소리 삼십삼천 사무치고 이십팔수 땅에 서려 사해용궁 진동할 제 심낭자

물에 빠지려고 옥안에 기운 없이 화리를 부여잡고 부친 아버지 세 번 부르는 소리 단산의 어린 봉이 구슬을 움직이듯 크게 세 번 부르더니 홍상을 무릅쓰고 풍덩 뛰어드니 창해일속 되었구나[28]

의연하게 투신한 심청의 효성에 감복한 용왕과 옥황상제는 심청을 장생화 속에 넣어 환세토록 한다. 맹인잔치에서 딸을 만난 심봉사는 '어서 급히 눈을 떠서 딸의 얼굴을 보라'는 말에 대경하여 두 눈을 '번개'같이 뜨고 만다. 그리고 본 딸의 얼굴은 갑자 사월초파일에 꿈속에서 보던 선녀의 얼굴이었다.

심청의 효는 천상에서 지은 업보를 속죄하기 위한 대가였으며, 다시 천상으로 복귀할 수 있는 보상의 코드인 것이다. 그러니 심청의 희생과 고난은 예정된 천상의 질서였던 것이다. 심봉사는 딸의 효성 덕분에 결국 눈을 뜨게 되어 그간의 고난을 보상받게 된다. 하지만 방진관 창본은 심봉사가 눈을 뜬 덕분으로 만좌맹인이 함께 눈을 뜨거나 온갖 동물들까지 눈을 뜨게 되는 행운과 축제가 없는 것이 특징이다.

대개의 〈심청가〉에서 모든 맹인이 눈을 뜨게되는 결말은 심청의 효가 사회적 구원에까지 이르게 되는 심청의 영웅성을 보여준다. 하지만 방진관 창본에서는 심청의 '효' 자체에 주제를 집중함으로써 하늘에서 지은 죄를 속죄하기 위한 운명론적 질서를 확인하는 데서 작품이 마무리된다. 곧 방진관 창본 〈심청가〉는 심청과 심봉사의 고난과 가난이 천상에서 죄를 지은 데 대한 형벌로서 기능하기 때문에 희생 효만이 이들의 원죄를 극복하고 천상으로 복귀할 수 있는 구조를 가

28 허흥식 소장 창본 심청가, 37~38면. 현대역 필자.

지고 있는 것이다. 다만 이러한 원죄의식을 '효'로서 극복하는 과정에서 현실적 삶의 문제가 핍진하게 반영되고 있다는 점이 특징이라 할 수 있다.

5. 중고제 판소리와 충청지역의 정서

충청지역에서 만들어진 판소리 작품을 분석하며 나타난 정서적 특징은 다음과 같이 정리해볼 수 있다.

첫째, 양반문화의 정서가 강하게 드러난다는 점을 들 수 있다. 가사체 한시 작품인 〈춘향가〉는 가장 오래된 〈춘향가〉로서의 위상을 가진 동시에 〈춘향가〉 사설의 첫 번째 작품이라 할 수 있다. 한시로 지어졌으며 양반들의 문화 전통을 포함하고 있어, 당대 풍류와의 연관성이 크다고 할 수 있다. 한편 방진관의 〈심청가〉 역시 효의 윤리에 충실한 심청의 모습을 그리고 있어서 이 역시 유교적 윤리관을 드러내고 있다고 하겠다.

둘째, 현실적이고 구체적인 정서가 드러나고 있다. 〈춘향가〉에서는 춘향 설화를 바탕으로 양반계급 이도령이 처한 상황과 당대의 삶이 매우 현실적으로 그려지고 있으며, 기생 춘향을 향한 신분을 초월한 사랑을 그림으로써 계급사회를 비판하는 기능을 하고 있다. 〈심청가〉에서는 당대 삶의 피폐함과 가난의 문제가 매우 자세하게 다루어져서 현실적 삶을 극적으로 묘사하고 있다고 하겠다. 이러한 현실적인 정서는 후대로 갈수록 관념적이고 이념적으로 바뀌거나, 춘향의 신분이

기생이 아닌 양반가 서녀로 바뀌게 된다.

셋째, 진취적 정서가 있다. 유진한은 18세기에 충청도에서 문장가로 이름을 날렸으며, 은석시사 등 당대 여러 문인들과 교류하고 시단을 열었던 향반이다. 그는 〈춘향가〉뿐 아니라 고전소설 〈사씨남정기〉를 바탕으로 쓴 〈유한림영사부인고사당가〉도 한시로 만들어 노래로 부르도록 하였다. 당시 이러한 이야기노래는 타령조로 부르던 새로운 양식을 만들어내고 있었다. 시대가 흘러 19세기 명창 방만춘은 황해도 음률가와 〈심청가〉를 만들어 새로운 스타일의 〈심청가〉를 확립했다. 그리고 이를 가문소리로 이어지게 하였다. 이를 보아 충청지역은 새로운 문화예술의 터전이 되고 판소리 정립의 기틀이 되었음을 알 수 있다. 이는 문화에 대한 진취적 사고가 있기에 가능한 일이라 생각된다.

넷째, 풍류 정신이 있음을 알 수 있다. 유진한의 〈춘향가〉는 당대 문인들의 시사 활동을 통해 이루어진 새로운 풍류 속에서 탄생한 것이라 보아야 한다. 서산의 방만춘 가문은 세습예인으로 판소리는 물론 풍류나 춤 등을 전승하였는데, 이러한 전통은 현재 서산 심씨 가문에서도 이어지고 있다. 곧 충청지역은 양반들과 연합하여 소리꾼들의 창의성이 개성적으로 발휘되어 갔던 문화를 가지고 있다. 중고제는 판소리 고제를 이어 소리꾼들의 개성과 실력을 인정하며 발전되어 갔던 예술이라 할 수 있다. 또한 가곡풍의 창법이나 평평하고 담백한 창법 등은 양반풍류의 전통 속에서 이루어졌던 중고제의 특징이라 할 수 있다.

다섯째, 고제에서 중고제로 이어진 판소리는 충청지역에서 널리 사랑받으며 전국적 확산을 일으켰다. 판소리는 이야기 노래로 그 안에 지역적 정서가 다분히 포함되어 있다. 언어와 풍속, 가치관의 문제 등이 모두 포함되며 변화해 간다. 따라서 유진한의 〈춘향가〉는 충청도 18세기의 정서가, 방진관의 〈심청가〉에는 충청도 19세기의 정서가 반영된 것이라 보아도 좋을 듯하다. 하지만 판소리는 20세기에 이르러 전라도 지역 정서가 판소리에 큰 비중으로 반영되어 언어와 음악이 변화되어 갔다.

충청지역에서 만들어지고 불리웠던 판소리는 고제이기는 하지만, 당시로서는 매우 진취적이며 현실적이다. 또한 여러 지역과 접변되어 있는 지역적 특성에 따라 다른 지역의 문화를 흡수하고 재창조하는 역량이 뛰어난 특성이 있다. 판소리는 당대 유행하던 다양한 예술을 이야기노래에 담음으로써 그야말로 문화의 종합예술적 성격을 가지고 있기 때문이다. 이것은 지식인으로서의 교양과 풍류를 가지고 진보적 사고를 했던 충청지역 양반들의 영향도 컸을 것이라 본다. 문학 안에서 그들은 시대에 대한 비판과 미래 사회에 대한 소망을 그려냈기 때문이다. 양반들과 소리꾼 광대의 위대한 합작이 바로 충청도에서 판소리 예술로 만들어졌다고 할 수 있다.

참고문헌

〈자료〉

빅터 유성기 원반 시리즈(13) (서울음반 1994). 〈1930년대 판소리 걸작집 이동백 임방울 임옥돌 방진관 심상건 정광수.

우하영(1796). 〈千一錄〉 上.
유진한 지음, 송하준 역(2013). 〈국역 만화집〉, 학자원.
한국고중세사사전
김진영 외(1998). 허홍식 소장 창본 심청가, 〈심청전전집〉3, 박이정.

〈논저〉
김종철(1996). 〈판소리사 연구〉, 역사비평사.
박성환(2010). 중고제 판소리 명창 방만춘, 방진관 연구, 〈한국학연구〉 35, 고려대한국학연구소.
배연형(1994). 판소리 중고제론, 〈판소리연구〉 5, 판소리학회.
배연형(2003). 이동백 춘향가 연구, 〈판소리연구〉 15, 판소리학회.
배연형(2008). 〈춘향가 심청가 소리책〉, 동국대학교출판부.
배연형(2008). 〈판소리 소리책 연구〉, 동국대출판부.
서종문 · 김석배. 판소리 중고제의 역사적 이해, 〈국어교육연구〉 24, 경북대국어교육학회, 1992.
성기련(2002). 1930년대 판소리 음악문화 연구, 서울대박사학위논문.
신은주(2003). 김창룡 명창론, 〈판소리연구〉 15, 판소리학회.
신은주(2009). 중고제 심청가 '범피중류' 연구, 〈판소리연구〉 27, 판소리학회.
신은주(2008). 충청지역 판소리 문화의 역사와 전승양상, 〈한국음악사학보〉 40, 한국음악사학회.
신은주(2002). 판소리 중고제 연구-SP음반 수록곡의 선율 분석을 중심으로, 서울대대학원 석사학위논문.
신은주(2009). 〈판소리 중고제 심정순家의 소리〉, 민속원.
이보형(1997). 심정순의 생애와 예술, 〈한국음악사학보〉 18, 한국음악사학회.
이보형(2007). 유파 개념의 중고제와 악조 개념 중고제, 〈판소리연구〉 23, 판소리학회.
이지영(2022). '만화본 춘향가'의 서술방식과 주제의식 고찰, 〈국문학연구〉 45, 국문학회.
정노식(1940). 〈조선창극사〉, 조선일보사.
정병헌(2019). 중고제 판소리를 바라보는 관점과 지향, 〈지식과교양〉 3, 목원대교양교육혁신연구센터.
정출헌(1998). 판소리 담당층의 변화에 따른 19세기 판소리사와 중고제의 소멸, 〈민족

문화연구〉 31, 고려대민족문화연구소.
조영규(1999). 금강 유역의 중고제 판소리-송홍록을 중심으로, 연세대학교 석사학위논문.
최혜진(2018). 충청지역 판소리 문화 유적 현황 연구, 〈구비문학연구〉 48, 한국구비문학회.
최혜진(2011) 충청지역의 중고제 판소리의 역사성과 지역성, 〈판소리연구〉 32, 판소리학회.
최혜진(2016). 판소리의 생성, 향유와 지역성, 〈어문연구〉 89, 어문연구학회.
최혜진(2018). 판소리 명창의 비조 최선달 연구, 〈판소리연구〉 45, 판소리학회.
판소리학회(2016). 〈서천의 판소리와 중고제〉, 서천군.

06

스포츠와 충청의 정체성

06

스포츠와 충청의 정체성

한상헌(대전세종연구원)

1. 충청 지역 스포츠 팬으로서의 애환

1) 한화이글스는 왜 야구를 못할까?

고백하자면 나는 한화이글스의 팬이다. 충청에서 나고 자라면서 당연한 거지 그게 뭐 대수인가 할 수 있다. 하지만 '한화팬'을 지속한다는 것이 그리 녹록한 것은 아니다.[1] 꼴찌를 벗어나면 다행인 성적, "승리당했다"는 표현이 난무한 플레이, 그보다 훨씬 더 한심한 구단 운영

1 사실 '한화팬'이라는 표현부터 잘못되었다. '이글스'라는 야구팀의 팬이지 '한화'그룹의 팬은 아니지 않은가? 한편으로 보면 부진한 성적 탓에 팬들 사이에서 종종 '한화 이글스가 아니라 '화놔 이글스'로 불리기도 하는 점을 감안한다면 '한화팬'이라는 호칭은 특별한 의미가 부여되는 용어일 수도 있겠다.

(승부에 국한해서 볼 때 그렇다는 말이다. 온라인에서 회자되는 "야구만 빼고 다 잘하는 한화이글스 구단"이라는 말처럼 홍보나 마케팅 등은 괜찮다)을 감내하는 것이 쉽겠는가?

그런데 도대체 한화이글스는 왜 야구를 못할까? 두 가지 답을 생각해볼 수 있다. 첫째, 사실 한화이글스가 야구를 못하는 것은 '아니다'. 선수와 코치진, 구단 모두 늘 열심히 노력하고 나름대로 발전도 이루고 있다. 다만 상대적 순위를 가르는 프로야구 리그에서 다른 팀들이 더 잘하고 앞서 나가기 때문에 한화이글스가 못해 보이는 것일 뿐이다. 이는 궤변이 아니라 21세기에 급격히 변화하고 있는 야구의 패러다임에 반응하는 속도에서 다른 팀들에 비해 한화이글스가 계속 늦었으며 대응 전략 수립에 계속 실패해온 과정을 반어적으로 표현하는 것이다. 누군가는 또 여기서 "역시 충청도라 느리처분하군"이라 할 수도 있겠는데, 그보다는 여전히 모기업으로부터 자율성이 부족한 구조적 현실이 비전과 계획의 후진성을 낳는 근본 원인일 것이다.[2]

둘째로, 시선을 더 넓혀 우리 사회의 미래를 어둡게 만들고 있는 수도권 집중화 현상을 봐야 한다. '관습헌법', '서울메가시티' 등 해괴한 획책이 난무하는 역사 속에 형성된 기형적 수도권 과밀화는 우리 프로야구의 역사가 고스란히 나타내주고 있다.

1982년 한국 프로야구 출범 당시 총 6개 팀은 서울 1, 경기 · 강원 1,

---

2 한화이글스의 가장 암울한 시기인 2009년부터 현재까지의 감독 선임 과정은 혁신성이나 합리적 근거를 찾기 어렵다. 자질보다 명망에만 기댄 2012년 김응용 감독의 선임은 같은 해 중장기계획 PT로 염경엽 감독을 택한 히어로즈의 성취와 극명히 대조된다. 2014년 김성근 감독의 선임 역시 시대적 변화를 읽지 못한 막연한 기대였을 뿐이다. 한화이글스는 히어로즈보다 8년 뒤진 2020년에야 비슷한 방식으로 수베로 감독을 선임하였지만, 신구 조화를 외면한 채 맹목적 리빌딩만 진행되다가 급기야 어처구니 없는 절차로 수베로 감독마저 내친다.

경남 1, 경북 1, 호남 1, 충청 1팀이었다. 40여 년이 흐른 지금 현재 운영되고 있는 10구단 체계에서 수도권 팀은 서울 3, 인천 1, 경기 1로 절반에 이른다. 시간이 흐를수록 가속되고 있는 수도권 팀과 비수도권 팀 간의 격차는 팀 성적에도 고스란히 드러난다. 출범 초기 10년 간 1~2위를 기록한 팀을 보면 수도권 연고팀은 2차례에 불과하고 나머지 18번은 비수도권 연고팀이었다. 반면 최근 10년 간 1~2위 팀은 수도권 연고팀 15번, 비수도권 연고팀 5차례로 정반대가 된 것이다.

한국 프로야구 1~2위 팀의 연고 지역 변화

초기 10년 1~2위 팀			최근 10년 1~2위 팀		
	1위	2위		1위	2위
1982	충청(OB베어스)	경북(삼성라이온즈)	2014	**경북**(삼성라이온즈)	서울(넥센히어로즈)
1983	전남(해태타이거즈)	**서울**(MBC청룡)	2015	서울(두산베어스)	**경북**(삼성라이온즈)
1984	경남(롯데자이언츠)	경북(삼성라이온즈)	2016	서울(두산베어스)	**경남**(NC다이노스)
1985	경북(삼성라이온즈)	경남(롯데자이언츠)	2017	**전남**(기아타이거즈)	서울(두산베어스)
1986	전남(해태타이거즈)	경북(삼성라이온즈)	2018	인천(SK와이번즈)	서울(두산베어스)
1987	전남(해태타이거즈)	경북(삼성라이온즈)	2019	서울(두산베어스)	서울(키움히어로즈)
1988	전남(해태타이거즈)	충청(빙그레이글스)	2020	**경남**(NC다이노스)	서울(두산베어스)
1989	전남(해태타이거즈)	충청(빙그레이글스)	2021	경기(KT위즈)	서울(두산베어스)
1990	**서울**(LG트윈스)	경북(삼성라이온즈)	2022	인천(SSG랜더스)	서울(키움히어로즈)
1991	전남(해태타이거즈)	충청(빙그레이글스)	2023	서울(LG트윈스)	경기(KT위즈)

한국 프로야구 연도별 수도권팀과 지역팀의 승률 변화

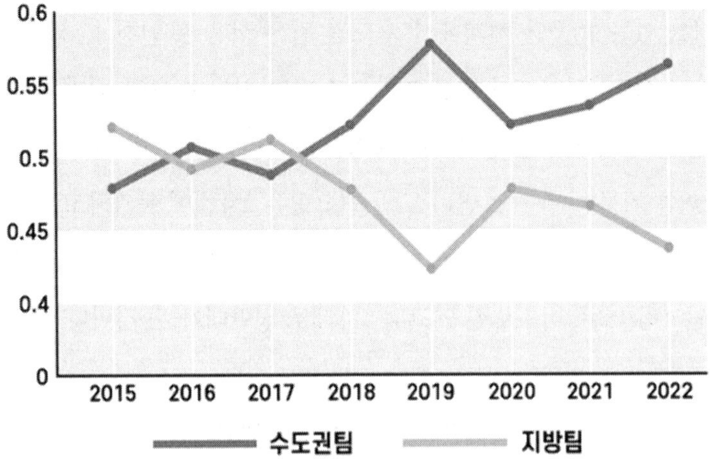

앞으로도 이러한 현상은 더욱 심화될 것이다. 신인 선수의 주요 공급원인 중고등학교 야구부 다수가 수도권에 몰려 있고, 지방 학교의 선수 입장에서는 수도권 학교로의 전학을 고민하게 만든다.[3] 프로야구 연고팀 이외의 잠재적 후원이 가능한 기업의 규모, 현재 연고 지역 팬이 될 수 있는 절대 인구 수에서 수도권과 비수도권은 비교가 되지 않는다. 수도권 팀들은 선수 육성 시스템 등 경기력 향상을 위한 토대를 갖추면서 비수도권 팀에 비해 월등한 승률과 수익을 쌓아간다. 심지어 미디어의 관심도 매우 불평등하다. 일례로 프로야구 관련 지상파방송의 뉴스 보도만 보더라도 보도량, 보도순서, 보도내용에서 수도

3 한국프로야구는 2014년부터 2022년까지 지역 연고로 1차 지명을 하게 되어 있었다. 하위권 팀에게 타지역을 선택하는 기회가 주어진 적도 있지만 대체로 수도권 팀이 좋은 신인을 확보하기 유리한 구조이다. 2012년과 2013년에는 NC다이노스, 2014년과 2015년에는 KT위즈가 신생팀으로 창단하여 신인선수 특별지명을 배려받았고, 가뜩이나 얇은 신인 선수층 속에 2010년대 하위권을 전전하던 한화이글스로서는 하위권의 프리미엄조차 반감되는 불운의 연속이었다.

권 연고팀에 편중된다. 수도권 독식의 한국 프로야구 판에서 한화이글스의 부진한 성적은 어쩌면 예견된 결과일 수 있다.

2) 충청도 스포츠 팬은 보살팬?

한국 프로야구단 중 한화이글스와 대척점에 서 있는 구단을 꼽자면 NC다이노스이다. 다이노스는 장기적 비전을 세우고 합리적 시스템을 마련하여 적재적소에 투자하고 선수 역량을 키우면서 좋은 성적을 거두고 있다. 한때 나는 다이노스가 잘되어야 한국야구가 발전할 수 있다는 마음에 의식적으로 다이노스 팬이라고 자칭할 때도 있었다. 하지만 결국 한화이글스의 승패에 더 집착하게 되는 것은 아마도 충청지역에서 나고 자란 경험이 가장 크게 작용하는 것이리라. 물론 팬심이 작용하는 이유는 여러 가지가 있겠지만 이처럼 지역민으로서의 생활 경험은 특정 스포츠 팀을 응원하는 이유와 직결되는 경우가 많다. 지역정체성의 공유와 확인에 스포츠가 중요한 요소임은 부정하기 어렵다.

흥미로운 것은 실망스러운 결과가 반복됨에도 불구하고 많은 한화이글스 팬들이 지치지 않고 열정적인 관심과 응원을 보내면서 우리 사회에서 '보살팬'이라 불리고 있다는 점이다. 사회 조직이나 만남에서 '한화이글스 팬'이라고 한다면 그는 어떤 상황도 감내할 수 있는 성숙한 인격을 지니고 있다고 믿어도 된다는 웃픈 농담도 떠돈다. 그리고 이는 충청의 정서로 풀이되기도 한다.

시오니즘을 연상케 하는 '약속의 8회'가 되면 야구장에 처연하게 울리는 "최강 한화", 열성적이기로 유명한 다른 팀 팬들의 행위와는 또 다른 감정을 고양한다. 역설적 자조로 승리의 강박을 초월하는 충청의 슬기로움일까? 정말 충청인으로서 역사적 · 문화적 경험에서 비롯한 고유의 정서가 한화이글스 팬심으로 공통 발현되는, "충청 커뮤니케이션"으로 해석될 수 있는 것일까?

2. 획일화될 수 없는 지역별 스포츠 향유 특성

1) 종목별로 달라지는 스포츠 팬 문화

지금까지 언급해온 것과 달리 이제 "한화이글스 팬덤이 충청의 정서를 대표하여 나타내고 있는가?"라는 의문을 제기하고자 한다. 한화이글스가 연고로 삼고 있는 대전 야구장과 청주 야구장의 응원 문화는 사뭇 다르다는 것부터 떠올려보자. 대전의 이글스 팬, 충남의 이글스 팬, 충북의 이글스 팬이 각기 다른 특성을 지닌다면 '충청의 야구팬'이라는 공통성은 지역만 남는다. 물론 지역도 공통적으로 묶일 수 있는 것인지 따져봐야 하겠지만.

종목별 특성도 고려해야 한다. 프로야구 팀이 충청의 지역성을 대표하는 독점적 권리를 부여받을 수 있을까? 전 세계적으로 스포츠 팬덤은 축구가 압도적이다. 한국 사회에서는 전통적으로 야구와 축구가 전국민적 사랑을 받는 대표 스포츠로서의 위상을 양분해왔고, 프로농구나 프로배구도 무시할 수 없는 고정적 팬층을 확보하고 있다. 그렇다면 야구 이외에 충청의 프로팀은 충청의 지역성과 얼마나 밀착해 있을까? 축구의 경우 대전시티즌은 한화이글스와 매우 다른 양상을 띤다. '충청' 지역을 대표한다기보다는 '대전'이라는 도시에 기반하고, 외적 환경 변화와 여러 부침 속에서 '보살'의 인내심보다 적극적 의견 표출의 성향이 더 인상적이다. 우리나라 프로축구는 1부 리그뿐만 아니라 2, 3부 리그도 독자적으로 운영되고 있는데, 2, 3부 리그는 또 다른 지역 연고성을 보인다. 특히 K3 리그에서는 자발적(Bottom-up) 방식의 팬심이 발현되고 소지역 단위의 연고에 기반하여 두터운 팬 층이 형성된다. 원정 경기에 찾아가는 응원은 다른 소지역을 여행하는 여가 향유 방식으로 지속성을 간직한다.

프로배구의 경우 KGC인삼공사와 삼성화재가 대전에, 현대캐피탈이 천안에 연고를 두고 있지만 지역 대표성은 훨씬 미약하다. 프로농구는 출범 당시 대전에 연고를 두었던 현대 다이넷이 초기 우승에도 불구하고 전주로 연고지를 이전하였고, 청주에 연고를 둔 여자농구팀 KB스타즈가 있지만 충청권을 아우르는 팀으로 광범위한 팬층을 확보하고 있다고 보기는 어렵다.

2) 프로스포츠로 이식된 지역의 정서

종목별 편차를 떠나 '프로야구'가 지역정체성을 얼마나 구현하고 있는가는 곰곰이 생각해봐야 할 대목이다. 한국 프로야구 출범 당시로 거슬러 올라가 보자. 잘 알려져 있듯이 군사쿠데타와 광주민주항쟁을 딛고 수립된 전두환 정권이 민심을 무마하기 위한 3S 정책으로 기획된 것 중 대표 격이 프로야구였다. 따라서 사전 준비가 치밀할 리 없었고, 광역 단위 지역별로 대구 · 경북은 '삼성', 부산 · 경남은 '롯데', 호남은 '해태', 서울은 'MBC', 인천 · 경기는 '삼미', 충청권은 'OB'가 팀을 창단하도록 강제되었다. 공통적으로 영세한 수익 구조와 취약한 운영 시스템을 벗어나기 어려웠던 구단들은 모기업에 전적으로 의존하면서 프로야구 연고 지역의 정체성은 구단 자체가 아닌 모기업과 동일시 되었다. 이러한 기업-지역 일체화는 약간의 예외를 제외하고는 21세기에도 계속 이어지고 있다.

하지만 지역정체성이 시대적 상황에 따라 늘 변동 가능성을 지닌 만큼 주목할 만한 변화들도 있다. 인천경기권은 대표기업의 변동이 잦았고, 전북은 '해태'에서 '쌍방울'이 잠시 부분적 대표성을 취하다 '기아'가 해태타이거즈를 인수하면서 '기아'로 느슨하게 통합된다. 경남은 NC다이노스가 새로이 창단하면서 기존 '롯데 독점'에 균열을 내고 있다. 신생팀인 NC다이노스는 혁신적 시스템을 갖추면서 팀 성적도 오르고 팬층이 급증하고 있다. 이에 따라 이른바 "낙동강 더비"라 불리는 롯데자이언츠와 NC 다이노스 팬 간의 흥미로운 경쟁 구도가 탄생했다.

더 복잡한 지역도 보인다. 서울도 하나의 지역에 해당되는 것은 당연할 텐데 서울 연고 라이벌팀이라 알려진 두산베어스와 LG트윈스의 팬은 성별, 연령대 등 인구사회학적으로 서로 다른 특성을 보인다. 뒤늦게 서울 연고팀이 된 히어로즈의 야구 팬은 어떤 특성을 지닐까? 그동안 뚜렷한 연고 팀이 없었던 강원이나 제주 지역 야구 팬의 정서는 어떨지 살펴볼 필요가 있다.

프로야구에서 충청 지역은 지역 연고성을 지닌 기업으로 한국화약이나 동아그룹이 거론되었지만 여러 이유로 불참하였고 리그 출범 당시 희망하는 기업이 없어 난망했다. 어쩔 수 없이 두산그룹이 '떠맡게' 되면서 OB 베어스는 충청 야구팬의 열렬한 호응을 받았지만 이별은 예정된 수순이었다. 대전 · 충남 · 충북은 리그 출범 초창기 'OB'에서 '빙그레'를 거쳐 1990년대부터 '한화'가 정체성을 대표하게 된다. 이렇듯 지역정체성이라는 것은 생각보다 불안정하고 취약하고 어쩌면 허상일지도 모른다.

3. 스포츠의 기억과 지역정체성의 공유

1) 고교야구의 아련한 추억

한국 프로야구를 "이식된 지역성"이라 거칠게 표현하면서, 나는 이러한 주장의 연장선에서 지역정체성을 나타내는 대표적 상징체계로 '고교야구'를 주목하고자 한다.

1982년 프로야구가 탄생하기 이전까지만 하더라도 고교야구대회는 모든 종목을 아울러 국내에서 가장 인기 있는 정기 스포츠 이벤트였다. 일제강점기 시절부터 서울 · 경기 지역을 중심으로 교류전을 열거나 일본 야구대회에 참가했던 고교야구는 해방 이후 1946년 청룡기 고교야구대회의 창설로 본격화된다. 이후 인기를 높이면서 1970년대부터는 황금사자기, 대통령배, 봉황대기, 화랑기, 대붕기로 정착되면서 절정의 인기를 구가한다.[4] 전국체전까지 더하면 매년 평균 2개월에 1번씩 대회가 열린 셈이다.

지역별 치열한 예선을 거쳐 30여 개 팀이 본선 대회를 치르던 다른 대회와 달리 전국 고교야구 야구팀이 모두 참가하는(재일교포까지 참여하였다) 봉황대기의 경우는 그야말로 백미였다. 고교야구는 당시 언론의 중요한 소재였으며 거대 신문사들은 고교야구대회를 앞다퉈 개최하였다. 중앙일보(대통령배), 조선일보(청룡기), 동아일보(황금사자기), 한국일보(봉황대기)와 함께 부산일보(화랑기)와 대구매일(대붕기)이 고교야구를 지속적으로 개최하였다는 것은 지역 거점 대학의 인기와 더불어 지금보다 훨씬 더 지역의 자생력이 높았음을 입증해준다. 방송사의 관심도 지대해서 결승은 물론 주요 경기를 지상파 방송사에서 중계하여 큰 인기를 끌었다. MBC에서 타 방송사와의 경쟁우위를 확보하기 위해 야심차게 경기장을 하이앵글 샷(High-Angle Shot)으로 중계하던 것,[5] 1981년도 봉황대기 선린상고와 경북고의 결승전 도중 선린상고의 에이스 박노준 선수가 크게 부상을 당해 병원으로 이송되자 경기 중간 병원과 연결해 선수의 상태를 전하던 모습은 지금도 기억이 또렷하다.

---

4 각 대회의 창설 연도는 다음과 같다. 황금사자기(1947년), 대통령배(1967년), 봉황대기(1971년), 화랑기(1949년), 대붕기(1979년)

5 정확하게 기억나지 않지만 아마도 천안북일고가 진출했던 봉황대기 결승이었던 것 같다.

1970년대 고교야구대회 모습(출처: 공공누리 공유마당)

고교야구가 최고의 인기를 누릴 수 있었던 큰 이유는 무엇보다 지역 연고성에 기반하고 있기 때문이었다. 서울 · 경기의 선린상고, 휘문고, 동산고, 호남의 군산상고, 광주일고, 영남의 경북고, 대구상고, 부산고, 충청의 천안북일고와 세광고 등은 고교야구 대회에서 지역 간 경쟁을 대리 수행하였고, 이를 통해 지역의 '명문고'로서 입지를 다졌다.

같은 아마추어 야구라 하더라도 지역성이 희미한 대학야구나 실업야구의 인기는 훨씬 미미하였다. 올림픽이나 월드컵에서 우리나라의 호성적을 기대하는 것은 아직은 요원한 일이었고, 광역시 · 도간 순위 경쟁을 하는 전국체육대회도 매년 개최되었지만 고교야구처럼 직관적으로 지역을 나타내는 스포츠 아이콘은 그 시대에 없었다. 역설적이게도 지역 연고를 주창한 프로야구의 출범은 이전까지 대표적인 지역성의 표현체계였던 고교야구의 쇠락을 야기하게 된 셈이다.

2) 고교야구의 기억과 장소성 복원의 가치

더 안타까운 것은 고교야구의 가치와 역사를 기억할 여지조차 사라져가고 있다는 것이다. 지역민의 역사와 문화적 경험이 녹아있는 장소와 장소성은 집단적 기억의 공유를 통한 지역정체성 형성의 필수요건이다. 우리나라 고교야구의 역사에서 이 장소성은 1925년 경성운동장으로 건립되어 매년 대회를 개최하던 서울 동대문운동장야구장으로 표상된다. 그러나 이제 성지는 사라지고 자하 하디드(Zaha Hadid)의 화려한 건축물 동대문디자인플라자(DDP)가 들어서 있다. 동대문역사문화공원 내에 '동대문운동장기념관'이 마련되어 철거되기까지의 역사와 유물을 전시하고 있지만 그 시절 고교야구의 아련한 기억을 온전히 담아내기에는 부족하다.

이러한 아쉬움을 대전이 해결하면 어떨까? 새로이 개장하는 대전베이스볼드림파크 내에 '한국고교야구박물관'을 설립하는 것을 제안해본다. 비록 대전이 한국 고교 야구의 중심지라고 자신 있게 내세우기는 어렵겠지만 전국 지방자치단체 곳곳에서 불고 있는 콘텐츠 경쟁에서 고교야구의 역사와 기억을 나눌 수 있는 장소를 선점한다면 스포츠를 주제로 한 문화관광의 킬러콘텐츠로도 활용할 수 있다. 더 나아가 천안북일고, 대전고, 공주고, 청주 세광고 등 지역의 유서 깊은 고등학교를 부각하는 부수 효과도 기대할 수 있지 않을까?

우리나라 고교야구대회의 원조 격인 일본의 고시엔 야구대회는 좋은 참조 사례이다. 일본 역시 언론사(마이니치 신문과 아사히 신문)가 주최하고 전 일본의 고등학교 야구팀들이 지역 예선을 거쳐 참가한다는 점은 비슷하지만, 여전히 높은 인기를 얻고 있다. 고시엔을 둘러싸고 각종 매체에서는 취재 경쟁에 열을 올리며 고시엔을 소재로 한 문화 콘텐츠 작품도 너무나 많다. 고시엔 구장을 홈으로 사용하는 인기 프로팀 한신타이거즈는 고시엔 대회 동안 홈구장을 비우고 지옥의 원정에 돌입한다. 패배 팀 선수들이 고시엔 구장의 흙을 담아가는 인상적인 모습도 여전하다.

우리보다 더 깊은 역사와 높은 수준의 프로야구 리그가 있지만, 프로야구 선수로 스카우트 되는 것을 최종 목표로 삼는 우리나라와는 다르게 일본 전역의 야구부원들은 일본프로야구 진출보다 고시엔 대회 자체를 더 중요한 목표로 설정한다는 점은 시사하는 바가 크다. 이러한 분위기가 갖춰질 수 있게 된 여러 요인 중에는 6~7개의 대회로 운영되다가 2011년부터 주말리그로 재편된 우리나라와 달리 단 2개의 대회만 줄곧 개최해왔다는 점도 중요하게 작용한다. 취미동아리 성격의 팀까지 합쳐 3,800여 개의 고교 야구팀 중 50개 가량의 팀만이 고시엔 대회를 경험할 수 있는 치열한 경쟁은 고시엔의 권위를 높인다.

일본 효고현 니시노미야에 위치한 고시엔 역사관 내에는 100년 남짓한 일본 고교야구의 역사가 유서 깊은 유물 · 자료들과 함께 전시되고 있다. 일본 전국 각지에서 수집된 고시엔 관련 영광의 기록들은 고교야구라는 스포츠이벤트가 각 지역의 정체성을 보존하고 기억하며 만들어가는 모습을 명징하게 보여준다.

고시엔 역사관의 유품과 자료들(필자 직접 촬영)

4. 스포츠를 통한 지역정체성의 형성

1) 열광하는 스포츠, 형성되는 지역정체성

때로는 특정 집단의 이익을 위해 도구화되는 것이 스포츠이고, 지역 연고라는 것도 허상일 수 있음에도 불구하고 놓을 수 없는 물음이 있다. 우리는 왜 그토록 스포츠에 열광하는 것일까? 스티븐스 다비도위츠(S. Stephens-Davidowitz, 2022)는 스포츠 경기 승부에 따른 행복 지수의 변화를 보여주는데, 이를 차용한 글에 따르면 스포츠 팬들은 늘 화가 나 있다고 한다. 자신이 응원하는 팀이 승리했을 때의 행복지수 상승보다 패배했을 때의 지수 하락이 두 배 더 높고, 무승부일 경우에도 마이너스 효과를 나타낸다. 이 산식에 따르면 2022년도의 경우 우승팀인 SSG 랜더스 팬조차도 마이너스 지표를 기록한다는 것이다(이용균, 2023.8.30)

물론 이 세상에는 스포츠에 무관심하거나 경멸하는 이들도 있다. 이들이 보기에는 한낱 공놀이에 불과한 것에 그 많은 사람과 자본과 시간이 투여되는 것이 의아하다. 20세기 초중반 프랑크푸르트학파 사회이론에서는 스포츠는 다른 대중문화들처럼 지배계급의 모순구조를 합리화하고 은폐하는 대표적인 이데올로기적 장치로 바라봤다.

스포츠에 대한 고전적 사회학 이론들에서는 스포츠를 전쟁의 대리전이자 성취욕의 대리 발현으로 해석해왔다. 엘리아스(Norbert Elias)에 따르면 스포츠는 기계적 연대에서 유기적 연대로 이행되는 과정에서 탄생한 문명화 과정의 현상이다. 과거 생필품 획득의 목적으로 사냥하던 것에서 사냥개의 여우 사냥 과정 자체를 즐기는 게임의 형태로 이행하는 과정이 곧 스포츠가 발전하는 양상과 일치한다. 여우 사냥에서 여우를 쫓는 사냥개보다 이를 통제하고 관람하는 구경꾼이 중요하듯 스포츠에서 가장 중요한 것은 팬이다. 스포츠 경기에서 선수들간의 물리적 충돌보다 심판에 대한 불복종이 더 엄중하게 다뤄지고, 선수가 감히 팬들에게 대드는 것은 금기시되는 것도 이러한 스포츠의 본질을 드러내준다. 팬들은 스포츠를 즐기면서 다양한 욕구와 목적을 충족하는 데, 즉흥적인 승패 몰입뿐만 아니라 기대와 응원, 탄식과 요구를 반복하면서 스스로의 정체성을 만들고 다른 팬들과의 유대와 갈등을 통해 집단적 정체성을 쌓아간다.

특정 팀의 팬으로서 느끼는 자부심은 이를 위협하는 여러 요소들에 대항하거나 정체성을 보존하고자 하는 노력으로 표출된다. 좌우 이념의 대립, 지정학적 역사 등이 스포츠 팀간 라이벌 구도로 충돌하고, 자본의 포섭에 대한 논쟁이 야기된다. 이러한 요소들이 맞물리고 스며들면서 스포츠는 '지역'으로서의 공통적 정체성을 창출하고 공고히

한다. 특히 프로축구에서 두드러지는 이른바 더비 매치 (Derby Match)는 다소 과격하면서 흥미 진진한 지역 충돌을 보인다. 가장 유명한 더비인 스페인의 'FC 바르셀로나 vs 레알마드리드'는 20세기 초중반 프랑코 독재 정권에 대한 정치적 의미가 크며 더 거슬러 올라 까딸루냐 민족과 까스띠야 민족 간의 자존심이 결합된다. 잉글랜드의 '리버풀 vs 맨체스터 유나이티드'는 노동자계급과 중산층 간의 대립을 보여주고, 스코틀랜드의 '셀틱FC vs 레인저스FC'는 19세기 아일랜드 대기근과 신 · 구 기독교 간의 갈등이 내재되어 있는 것으로 알려져 있다.

2) 다층적 연구가 필요한 스포츠와 지역정체성

이처럼 스포츠는 지역 정체성을 형성하고 다지는 데 크게 기여한다. 지역성이 형성되고 공고화되는 순환 과정을 그린 라그마(Raagmaa, 2002)에 따르면 "지역성은 영토적 차원에 머물지 않고 사회적으로 구성된다". 지역에 관한 여러 재현과 상징화를 통해 지역성이 배양되고 법률이나 교육체계, 구성원 간 커뮤니케이션 등을 통해 소속감을 다지면서 공식적으로 소속된 지역의 정체성을 제도화한다. 특정한 주기로 개최되는 스포츠이벤트나 반복되는 프로스포츠들은 주로 지역에 기반하고, 승리의 기원과 패배의 아쉬움을 공유하는 집단을 형성하면서 지역정체성을 공고히 하는 제도로 기능한다.

따라서 스포츠와 지역적 정체성의 연관성은 다층적 요소와 시간적 변동을 총체적으로 고려하여 깊고 풍부하게 연구되어야 한다. 그러나 우리나라에서 스포츠와 지역정체성을 연관해 탐구한 연구는 매우 한정적이며, 그마저도 부산 지역과 롯데자이언츠에 관한 연구가 거의 대부분이다.[6] 지역마다 다른 역사적 전통과 사회적 요인에 따라 복잡하게 발현되는 것이 지역정체성이다. 스포츠와 지역정체성에 대한 깊이 있는 연구를 위해서는 특정 지역이나 프로팀 하나에 매몰되는 것이 아니라 이질성과 동질성이 복잡하게 중첩된 양상들을 차근차근 정밀하게 분석하는 것이 필요하다.[7]

3) 스포츠와 지역정체성을 논할 때 잊지 말아야 할 것들

지역정체성과 스포츠의 관련성을 논할 때는 다음의 몇 가지 요소들을 함께 고려해야 한다. 첫째, 종목별로 나타나는 특성을 매개변수로서 계속 주시해야 한다. 가령 프로씨름의 경우는 야구나 축구와 많이 다른 지역적 특성을 보인다. 그리고 특정 종목에 대한 특정 집단의 몰입 현상을 주목하자. 특히 국가라는 더 넓은 단위 지역별 차이도 파고들 여지가 있다. 중국의 탁구, 우리나라 양궁, 네덜란드 빙상, 인도와 파키스탄의 하키 등 특정 국가의 초강세 현상, 뉴질랜드와 일본에서의 럭비 인기 등 지역적 특성을 함께 고려해봐야 한다.

둘째, 스포츠 팬 문화의 시대적 변화를 고찰해야 한다. 같은 종목 내

6 다음 연구들이 대표적이다. 임기태(2021) 지역 정체성과 공동체의식 그리고 팀 정체성과의 관계 분석을 통한 프로스포츠 팀의 지역사회 기여도 연구, 김세웅 · 임기태(2019) 지역별 스포츠관여도와 지역정체성 그리고 프로야구의 관계분석, 최혜진(2014), 프로스포츠 구단 연고이전이 스포츠 팬의 팀 정체성 및 관람행동에 미치는 영향, 황영주(2013) 롯데 자이언츠의 부산지방 정치학적 함의, 이종호외(2011) 관람스포츠에서의 팬 시민행동이 구단가치와 지역사회가치에 미치는 영향, 이용재외(2009) 지역사회정체성과 상대적 박탈감이 스포츠팀 정체성에 미치는 영향

7 그동안 정치적 · 사회적 영역의 대부분 연구들에서 충청의 정서는 모호하고 애매한 캐스팅보트 역할로만 한정되는 경향이 강했다는 점에서도 '충청 지역'에 바탕한 스포츠 커뮤니케이션에 대한 연구는 절실하다.

의 스포츠 응원 문화에서도 국가별 차이가 있다. 일본의 풍선 응원, 미국의 마스코트 응원과 달리 한국은 콘서트 응원을 방불케 하며 관중이 자신의 의사를 적극적으로 표현한다. 이는 스포츠 응원에 나타나는 수용자의 문화실천 변화 양상과도 연결될 수 있다. 우리나라로 한정하면 프로스포츠 초창기인 1980년대는 집단적 동원의 형태가 많았다. 민주화 이후 시기인 1990년대부터 집단적 즐거움의 형태가 증가하였고, 최근에는 적극적 의견 개진과 자기 표현이 두드러진다.

셋째, 현대스포츠는 결국 미디어와 초국적 자본의 각축장이라는 현실을 주지해야 한다. 매체와 스포츠의 관계는 현실적으로 스포츠 제도를 움직이는 가장 큰 중요성이다. 지역성과 대척점인 글로벌라이제이션의 최첨병으로서 초국적 자본과 거대 미디어는 스포츠 영역에서 각축전을 벌인다.

충청의 경우 미디어가 지극히 취약하기에 세 번째 요소가 그렇게 중요하지는 않아보인다. 어쩌면 "충청의 스포츠 커뮤니케이션"이라는 말 자체가 위태로운 허상일 수도 있다. 그러나 스포츠의 지역성이 위와 같은 요소들 속에서 매우 다양한 형태로 드러난다는 사실은 변함없다. 충청의 지역성은 복합적인 형태로 끊임없이 표출될 것이고, 이를 '충청의 정서' 같은 단순한 관념으로 뭉뚱그려 파악하는 것은 불가능할 것이다. 지역정체성과 커뮤니케이션 연구의 관점에서 상술한 다층적 요소들과 역동성을 세밀하게 살필 때, 비로소 충청의 지역정체성을 이야기할 수 있을 것이다.

참고문헌

Garri Raagmaa(2002). Regional Identity in Regional Development and Planning. *European Planning Studies* Volume 10.

Norbert Elias(1986). 스포츠와 폭력에 관한 에세이. 송해룡 옮김(2014). 〈스포츠와 문명화〉. 성균관대학교 출판부.

Seth Stephens-davidowitz(2022). *Don't Trust Your Gut: Using Data to Get What You Really Want in Life*. 안진이 옮김(2022). 〈데이터는 어떻게 인생의 무기가 되는가〉. 더퀘스트.

이용균, 차라리 야구를 응원하는 게 낫다. 〈경향신문〉 2023.8.30.

07

대전에서 전국으로, 성심당의 세 가지 키워드

07

대전에서 전국으로, 성심당의 세 가지 키워드

박창호(모두를 위한 경제_EoC 한국위원회)

착한기업을 뜻하는 '갓뚜기'로 잘 알려진 ㈜오뚜기 관계자들이 지난 10월에 성심당을 방문했다. ㈜오뚜기 관계자들이 성심당을 방문한 이유는 "대전 사람들은 성심당을 어떻게 생각하는지?"를 알고자 함이었다.

오뚜기 방문 직후에는 과학계 유명인사 KAIST 정재승 교수가 성심당을 방문했다. 성심당 방문뒤 정재승 교수는 자신의 SNS에 "KAIST의 가장 강력한 경쟁자는 MIT가 아니라 성심당이죠. '대전'하면 떠오르는 브랜드 1위!"라고 하면서 "앞으로 KAIST는 성심당의 후원자, 협력자가 되겠습니다!"라고 방문소감을 적었다.

대전대학교 송인암 교수 등의 '대전지역기업의 형성과 성장에 대한 연구 II (2015)'에 따르면 대전상공회의소가 2015년도에 대전소재 대학교에 재학 중인 대학생 500명을 대상으로 실시한 '구직성향 및 지역기업 인식 조사'에서 성심당은 2년 연속으로 지역을 대표하는 브랜드로 꼽힌 바 있다.

한국기업평판연구소가 소비자들의 참여 · 소통 · 커뮤니티 측면에서의 브랜드에 대한 빅데이터 분석결과 성심당은 2023년 10월 제빵 전문점 브랜드의 평판 분석에서 전체 2위로 나타났다. 이와 같이 성심당은 지역민들 사이에서 지역을 대표하는 브랜드로서 꼽히고 있고, 지역을 대표하는 브랜드 인지도도 전국적 수준에 이르게 되었다.

하지만 성심당에는 보통의 기업들이 평판 및 인지도 강화를 위해 사용하는 수단인 보도자료와 광고가 없다. 이에 대해 기업의 선한 영향력을 연구하는 프랑스 낭트대학교 Anouk Grevin 교수가 최근 저술 '기업의 기부문화 조사(2022)'에서 "성심당은 내부커뮤니케이션에 대해서는 많은 관심을 기울이고 있는 데 반해, 외부 커뮤니케이션이나 광고를 하지 않고 그럴 필요가 없다고 생각한다"고 성심당의 내 · 외부 소통방식에 대한 연구결과로 밝힌 바 있다.

이근상(2023)은 '당신의 브랜드는 브랜드가 아닐 수 있다'에서 "사람의 인성에 대한 평가가 하루아침에 만들어지는 것이 아닌 것과 마찬가지로 브랜드의 인성과 그에 대한 평가도 하루아침에 만들어지지 않는다. 진정성이 전달되는 특별한 사건이나 사소한 행동들이 쌓이는 과정을 반드시 거쳐야 한다"고 말한다.

성심당의 경우에는 어떠한 행동과 사건이 있었을까? 성심당이 지역기업이면서도 전국적인 브랜드 평판과 인지도를 가지게 된 배경은 소통의 관점에서는 책, 소속감(belonging), 지역성(locality)이라는 3가지 키워드로 설명할 수 있겠다.

1. 첫 번째, 책 만드는 빵집:story

2016년 성심당이 창업 60주년을 맞은 해에 '우리가 사랑한 빵집 성심당'(남해의 봄날刊)이란 제목의 책이 발간되었다. 이 책은 스토리텔링 전문가 김태훈씨가 성심당의 경영철학과 지역문화의 가치를 취재해 정리한 책이다.

책이 발간된 이후 '책빵 콘서트'란 이름이 붙여진 북토크가 2016년 가을 서울 최인아 책방을 비롯해 대전의 계룡문고, 대구, 경주, 부산 등 전국 30여 개 도시에서 총 40여 회 릴레이로 이어졌다. 또, 2019년도에는 매년 10만 명의 관객이 다녀가는 서울국제도서전(대한출판문화협회 주관)에 성심당이 '책내는 빵집'이란 자격으로 초대되기도 했다. 인터넷 매거진 'ㅍㅍㅅㅅ'는 '2019년 서울국제도서전을 다녀와서'란 기사에 "국제도서전 매출 1위는 단연코 대전 성심당 부스일 듯 싶다"고 보도하기도 했다.

아무튼 이 책은 2023년까지 7년간 총 8쇄가 인쇄 · 제작되었고 eBook으로도 만들어졌다. 책이 발간된 지 7년이 지난 최근까지도 성심당 책을 해시태그(#성심당)로 인증한 사진들이 인스타그램과 같은 SNS에서 꾸준하게 확인되고 있다. 책이 성심당과 관련한 온라인상의 바이럴을 지속적으로 만들어내고 있는 것이다.

책이 이렇게 강력한 힘을 가지게 된 것은 성심당 기업 스토리의 진정성 때문이다. 성심당의 스토리의 바탕에는 #매러디스 빅토리호와 #밀가루 두포대의 기적과 같은 우리나라의 근현대사를 관통하는 서사(epic)가 있다. 한국전쟁 흥남철수시 1만 4천 명의 피난민을 구해 기네스북에도 오른 미국 민간 화물선 #매러디스 빅토리호와 성심당 창업과 이웃을 위한 경영의 시작점이 되기도 한 대전 대흥동 성당의 #밀가루 두포대 등의 스토리들이 성심당의 기업 스토리 자산이다.

성심당은 매러디스 빅토리호 선장이셨던 라루(Leonard LaRue) 선장의 인류애를 기리기 위해 2022년 봄 성심당 문화원을 오픈하면서 전시공간에 '갤러리 라루'라는 이름을 붙였고 '연결:시간을 잇다'라는 전시를 개관기념 전시로 개최했다.

연결-시간을 잇다

주한 미국 대사관은 2023년 5월, 필립 골드버그(Philip S. Goldberg) 주한 미대사가 성심당을 방문했다는 사실을 대사관의 SNS를 통해 알렸다. 2년 전 2021년도 여름에는 홍남철수 작전에서 1만 4천명의 피난민 구출작전을 함께 주도했던 미 해병대 故에드워드 포니(Edward H. Forney)대령의 손자 가족이 성심당을 방문하기도 했다. 성심당 스토리의 기저에 있는 서사가 시간을 넘어서 연결해주는 인연들이고 성심당의 책이 지속적인 힘을 갖는 이유이다.

한편, 가톨릭 경제인으로 2대에 걸쳐 나눔을 실천하는 성심당의 사례는 기업의 경영이나 기업가 정신의 연구와 저술을 통해 소개되고 있다.

권경자 성균관대 교수(2019)는 '공자 기업가정신을 말하다'에서 "위기를 이기는 힘은 진정성, 성실함, 인간존중이다. 늘 자신을 닦고 성찰하고 덕을 쌓고 위기를 대비해야 한다"며, 대전 성심당 사례를 통해 살펴보았다. 송혜진 조선일보 기자는 '하마터면 남들처럼 살뻔했다'에서 돈만 벌려고 일하지 않는 회사란 무엇인가라는 내용에서 빵 하나로 전국에서 찾아오는 명소를 만드는 뚝심, 성심당의 기업경영 방식을 설명한다. 연세대 모종린(2021) 교수는 '머물고 싶은 동네가 뜬다'에서 "성심당이 추구하는 경영철학은 'EoC : Economy of Communion_모두를 위한 경제'다. EoC는 기업이 경영을 통해 공동선을 실현할 수 있다고 믿으며 이를 실천하는 경제개념이다"라고 소개하고 있다.

2. 두 번째, 대전 지킴이:belonging

성심당의 소통을 설명하는 두 번째 키워드는 소속감(belonging)이다. '대전을 지키는 빵장수 성심당'은 성심당 60주년에 즈음해 나온 책 에필로그의 소제목이다. 2016년에 있었던 성심당 창업 60주년 기념 전시의 제목은 '나의 도시, 나의 성심당'이었다. 성심당이 '나의 도시'란 키워드를 사용한 것은 이때부터였다. '나의도시'란 단어는 1956년도에 뜨네기의 존재였던 성심당이 2대에 걸쳐 정착해 토박이가 된 도시인 대전에 대한 성심당의 감사의 표현이다.

Susie Wise는 'Design for Belonging(2022)'에서 "속한다는 것(belonging)은 받아들여지고 참여하도록 초대되는 것, 어떤 것의 일부가 되도록 자신의 모습을 드러낼 기회를 갖는 것"이며, "자신들이 기여하고 있다고 느낄 때, 어떤 공동체에 속하는지 알게 된다"고 설명한다.

성심당은 도시안에서의 빵장수로서의 몫(또는 역할)을 중요하게 생각하고 있고, 스스로 그 몫을 다하기 위해 노력하고 있다. '성심당은 대전의 문화입니다', '성심당', '1956년 이래 대한민국 대전', '대전 부르스 등' 성심당의 일에는 늘 '대전'이라는 단어가 붙는다. '오! 대전'과 같은 지역대학의 도시탐사 프로젝트의 지원에도 빠지지 않는다. 그런 가운데 '대흥동 종소리'는 성심당이 도시 안에서의 빵장수로서의 역할을 다하기 위한 중요한 노력중 하나이다.

성심당은 1967년에 성심당 본점이 있는 현재의 장소로 이전을 했는데, 그 유일한 이유가 바로 성당의 종소리였다고 한다. 독실한 가톨릭 신자였던 성심당 창업주에게는 하루에 두 번 대흥동 성당 종소리가 들리는 곳에서 장사하는 것이 가장 중요했었다고 한다.

서울대 김명신 박사는 '대전 원도심 소리풍경에 관한 의미론적 연구(2022)'에서 "대흥동 성당의 종소리가 지역의 청각적 랜드마크 즉, 사운드 마크(표식음, sound mark)에 해당 한다"고 설명한다. 그는 "대흥동 성당 종소리가 표층적 차원에서는 시그널 사운드이지만 심층적 차원에서는 대전 원도심의 사운드마크이며 대흥동 성당과 성심당의 특별한 인연의 역사성과 장소성, 로컬리티와 선한 영향력 등으로 그 의미를 공유 한다"고 설명한다.

성심당은 대전 대흥동 성당이 100주년의 해를 맞기 3년 전인 2017년 가을부터 100주년 준비 프로그램인 '공간 1919'의 개설 · 운영을 함께 뒷받침했고, 성당 100주년 기념전시 '100년의 시간 : 1919~2019'의 준비와 개최도 도왔다. 또한, 대전 대흥동 성당이 100주년을 맞아 기존의 종 3개에 8개의 종을 새로 추가하는 프로젝트에도 참여해 기여했다. 이밖에도, 2022년에 '대흥동 종소리' 쿠키세트 제품을 출시하고, 대전 시민들이 '대흥동 종소리' 쿠키 만들기 체험을 할 수 있는 성심당 문화원 프로그램을 운영하기도 했다.

3. 세 번째, 지역중심:locality

세 번째 키워드는 지역성(locality)이다. 성심당은 2016년 창업 60주년을 맞아 지역기업으로서의 정체성을 한걸음 더 깊게 돌아보았다. 이때부터 로컬(local)이란 단어에 본격적으로 천착하기 시작했다. 대전

본사와 대전 매장의 원칙을 고수하는 지역중심 전략에 60주년 전시준비에 참고가 된 Melony Warnick(2016)의 책 'This is where you belong'에 소개된 '나의 도시 사랑법'과 같은 콘텐츠, 그리고 3년간 성심당 60주년 전시를 함께 준비한 ㈜어반플레이 구성원들과의 협업과정에 벌어진 토론과 대화가 준 영향이다. '로컬'이란 단어를 지역이지만 중앙이나 중심이 아닌 '지방'이란 말과는 결이 조금 다른 의미로 지역중심이라는 의미를 사용하기 시작했다.

그런 맥락에서 2018년경에는 로컬을 넘어 '로컬 크리에이터'라는 개념이 등장했다. '로컬 크리에이터'는 지역의 문화자원과 생태계의 혁신과 발전을 이끄는 주체로 정의되었고 침체기에 놓여 있는 중소도시들을 연계하여 지역을 활성화할 수 있는 대안과 기회로 주목받기 시작했다. 이러한 활동들이 지속적으로 이어져서 2022년에는 (사)로컬브랜드포럼(공동대표 홍주석, 고선영)이 중소기업벤처부 등록법인으로 발족되기도 했다. 이처럼 로컬크리에이터와 로컬브랜드 관련 개념과 활동이 주목받고 체계적으로 정립되어가는 데 있어서 성심당도 기여한 것이다.

성심당이 그렇게 하는 이유는 자신의 도시 안에서 자신의 도시를 사랑하며 지역의 가치 있는 기업으로 그 역할을 다하려는 사례가 대전의 성심당만으로는 충분하지 않다고 생각했고, 더 많은 로컬 도시에서 더 많은 로컬크리에이터들이 등장해 그런 역할을 해주기를 소망해서였다.

지역혁신가 활동가 대회

그런 바람은 2018년 가을, 대전광역시에서 열렸던 '제1회 대한민국 지역혁신 활동가 대회' 등 로컬크리에이터 발굴과 양성을 위한 여러 프로그램의 초청에 응하는 계기가 되었다. 2019년에는 '로컬'을 테마로 한 기획서인 '로컬전성시대'를 통해 "다른 가치를 창출하는 매체로서 빵을 대한다. 우리에게 빵이란 생계유지의 수단은 맞지만, 지역활성화, 사랑의 공동체, 빈곤 문제해결 등 제3의 가치를 만들어 나갈 수 있는 동력이기도 하다"고 로컬 빵집으로서 성심당이 걸어가고 있는 길에 대해 설명하기도 했다.

올해 10월 중기부로부터 로컬 분야를 혁신해 유니콘 기업으로 성장할 기업으로 강원도 강릉을 기반으로 한 청년기업이 1위로 선정되었다. 이 회사의 대표인 청년기업가는 "로컬 브랜드란 지역자원을 활용하거나 지역문제를 해결하는 등 지역관점이 있는 브랜드라고 생각 한다"는 수상소감을 자신의 SNS에 발표했다. 성심당이 있는 대전 한 도시가 아니라 강원도 강릉과 또 다른 도시에서 지역자원을 활용해 효능감있게 지역문제를 해결하고자 하는 기업들이 앞으로 계속 등장하는 광경을 기대해볼 수 있는 사례이다.

4. 마무리

3년 뒤 2026년이 되면 성심당이 창업 70주년을 맞는다. 70주년에 성심당이 세상과 소통하고자 하는 메시지는 어떤 것일까? 아마도 70주년이 되어도 성심당은 여전히 10년 전인 60주년 때와 같은 메시지를 내놓게 되지 않을까 한번 예상해본다. 그 이유는 우리가 직면한 인구감소와 지역소멸과 같은 로컬의 위기를 해결하자면 대전 성심당 한 도시로는 충분하지 않기 때문이다. 더 많은 도시들에서 인간존중의 경영과 공동선 실천의 비전을 가지고 전국에서 사람들이 찾아오게 하는 힘을 발휘하는 로컬기업과 로컬크리에이터들이 등장해 활약하는 모습을 기대해본다.

08

이주민의 도시, 대전엔 특별한 라디오가 있다

08

이주민의 도시, 대전엔 특별한 라디오가 있다

최순희(배재대학교)

1. 여는 말: 과학마을 커뮤니티 미디어에 거는 기대

대전에서 '김박사'하고 부르면 앞서가던 대부분의 남성이 뒤를 돌아본다는 이야기가 있다. 대전이라는 도시의 새로운 성격을 말하는 일화로 등장하기도 한다. 대전은 새로운 인구의 유입으로 시작하여 지금의 도시가 되었다. 1905년 철도 개통으로 정착한 1세대 원주민, 이후, 전쟁을 겪으면서 철도역이 있어서 중간 기착한 사람들까지 정주하게 된다. 1970년 중반부터는 정부주도의 연구개발단지가 조성되면서 도시의 역사는 끊임없이 새로운 혼종을 만들어내며 대한민국 근현대사의 흐름과 흔적을 간직하고 있다.

지금도 대전이라는 도시는 이러한 흔적을 공유하며 근대와 현대를 마케팅하고 잇고 있다. 그 예로 최근에 많은 젊은이들을 불러들이는 옛 철도역 근무자들을 위한 소제동 관사촌이며, sns에서 대전시를 성심시로 개명하라는 애교스러운 주문을 받는 도시의 재발견이다. 대전역이 생기면서 만들어진 도시의 이주민이었던 사람들은 그들의 2세가 성장하면서 지역주민으로 정착하는 과정을 비교적 짧은 시기에 경험하고 아직도 도시만의 색을 정착시키지 못하고 변화하는 중이다. 심지어 노잼도시라는 별칭도 따른다. 그러다 보니, 서로 '다름'은 발견하기 쉽지만, 공통되는 지점을 찾아 '같음'을 주장하기도 어렵다.

최근 미디어를 통해 지역민들은 어떠한 관계를 형성하며, 그 소통행위로 나타나는 특성은 어떠한지 탐색해 보는 일들이 빈번해졌다. 이때 미디어는 자율적 커뮤니티의 발전을 가능하게 할 뿐 아니라 지역사회 일반의 참여를 높인다는 데 의미를 찾는다(Downing, 2000; Meadows, Forde, Ewart, & Foxwell, 2005; Rodriguez, 2011; 채영길, 2015, 채영길 외, 2016). 커뮤니티 미디어는 다양한 주민들의 참여와 상호협력을 통해 구성원들의 소속감과 연대감을 강화하는 활동이다. 공동체미디어를 중심으로 하는 시민, 혹은 시민의 활동은 공동체를 어떻게 규정하는가 하는 중요한 문제와 만나게 된다.

윌리엄스(Williams, 2007)는 공동체를 커뮤니케이션 관점에서 규정한다. 우리가 사물을 보는 방식이 말 그대로 삶의 방식이므로, 커뮤니케이션 과정은 사실상 공동체의 과정, 공동의 의미를 공유하고 그리하여 공동의 활동과 목적을 지니며, 새로운 수단의 제시와 수용 비교를 통해 성장과 변화의 긴장과 성취를 이루는 일이라는 것이다(Williams, 2007, p. 79). 공동체 형성과정과 커뮤니케이션 과정은 서로가 서로의 원인이자 결과가 되는 순환적 관계라고 할 수 있다. 소통과 공동체가 서로가 서로의 조건이 되는 상황에서 소통방식의 변화는 공동체의 변화를 견인하며 마찬가지로 소통방식의 조건을 견인한다(채영길 외, 2016).

미디어로 소통한다는 것은 공동체 강화를 추구한다는 의미에서 일반적으로 다음과 같은 전제들을 꼽는다. 첫째, 마을공동체는 제대로 작동하는 민주주의를 위한 필요조건이다. 둘째, 민주주의 체제에 기여하는 마을공동체는 다양한 개인과 집단 및 단체의 자율성과 참여가 보장된다. 셋째, 이러한 공동체는 반드시 다양한 참여자 간 상호이해와 협력을 바탕으로 하는 상호주관적 커뮤니케이션이 가능해야 한다. 미디어 학문에서 시민공동체 미디어는 마을 단위 공동체 구성원을 중심으로 하는 공론장의 구성을 통해 참여적이며 자율적인 커뮤니티 발전이라는 대안적 공동체를 모색하는 과정으로 파악되기도 한다. 즉 공동체의 소통자원으로서 공동체의 공론장을 조직화하는 데 가장 중요한 주체이자 대상이 마을미디어이다(서울 마을미디어지원센터, 2015).

대전은 시골이었던 적도 없고 향토라는 개념도 없이 형성된 도시이다. 이러한 배경은 새롭고 작은 미디어에도 쉽게 적응하는 모습으로 나타난다. 1세대 원주민과 새로운 이웃은 그야말로 서로를 이웃하며 새로운 미디어에도 곁을 내어 준다. 인터넷 미디어에 대한 생경함이나 거부감이 없다. 그들에게 다가 온 이웃 사람처럼 미디어 역시 이웃으로 만든다. 대덕연구단지를 중심으로 유입된 사람들과 이미 정주해 있는 시민이 만나는 장으로 미디어가 자리를 잡는 과정은 인터넷이 태생적으로 개방성을 기반으로 사람들을 잇는 역할을 하는 것과 같은 개방성을 근간으로 한다.

2. 시민이 만드는 대덕밸리 라디오

지역 미디어 콘텐츠 생산에서 로컬리즘(localism)은 지역의 글로벌(global) 전략의 필요성과 함께 그 지역만의 독특함, 유일성으로 세계적인 경쟁력으로도 작용한다는 점이 부각되면서 한때 글로컬(glocal)이라는 유행어를 만들어 내기도 하였다. 미디어 영역에서는 지역 미디어가 생존하기 위한 콘텐츠 생산영역에서 지역의 특성을 나타내는 소재를 외부에 알리는 방향에 더 방점이 찍힌다. 그 지역만이 생산할 수 있는 소재는 이미 글로벌한 경쟁력을 가진다고 보았다(이근용 · 김영수, 2012). 실제 온라인으로 미디어 생산이 이루어지기 전, 레거시 미디어, 즉 지상파 미디어는 주로 그 지역의 문화유산을 중심으로 지역성을 갖는 콘텐츠 생산, 그것이 가져 오는 직접적인 유익을 구하는 방향으로 글로컬(global+local)을 화두로 삼았다.

2010년을 전후하여 온라인이 공동체의 영역에서 모색되면서는 이러한 흐름은 하이퍼 로컬 및 로컬크리에이터와의 협력이 중요한 과제로 떠올랐다. 한편, 지역 커뮤니티를 중심으로 소개되고 발굴되고 있는 다양한 콘텐츠에는 경제적으로 환원될 수 없는 지역의 정서와 공감, 연대와 상생이라는 정신적인 것들이 담겨 있기 때문에 주목을 받는다. 최근 지역 기반 혹은 지역 연계사업이 다양해지면서 지역민들은 지역 경제활동과 협력에 직간접적으로 도움이 되는 콘텐츠를 요구하며, 마을 활동가와 주민자치회를 중심으로 지역 소식을 전달하는 하이퍼로컬 콘텐츠에 관심이 많은 것으로 나타났다(최은영 · 설진아, 2021).

대덕밸리라디오는 대전시민에 의해 미디어 콘텐츠가 만들어지고 있다. 인터넷 기반의 지역공동체 미디어이다. 대덕밸리라디오의 출발은 방송통신위원회 산하 시청자미디어재단이 설립되고 이어 2014년 5월, 대전지역에서 시청자미디어센터가 개관하면서 시민대상 미디어 교육을 실시한 것이 계기가 되었다. 2014년 10월, 대전시청자미디어센터는 일반 시민에게 미디어 접근성을 높이는 손쉬운 교육과정으로 '라디오와 친해지기'[1]라는 교육프로그램을 개설하였다.

2014년 10월부터 2015년 4월까지 대전시청자미디어센터에서 미디어 교육을 받은 대전시민은 교육이 끝난 후, 시민제작단으로 활동하는 미디어 활동가로 거듭나 '대덕밸리라디오'의 주축이 되었다.

대전시청자미디어센터에서 4주 혹은 8주간의 교육을 받은 시민들은 후속 활동차원에서 자발적인 미디어제작단을 구성하게 된다. 2015년 5월 개국한 대덕밸리라디오는 '보이는 라디오'로 출발하였다. 당시 미디어 환경은 인터넷 미디어의 약진이 시작되었고 이명박 정부는 정

1 방송매체 가운데에서도 가장 오래된 매체의 대명사가 라디오이다. 전파매체로서 어머니와 같은 존재이다. 현재 모든 방송은 콘텐츠의 구성에서부터 커뮤니케이션 하는 방식이 라디오 시대부터 시도되었던 것이다. 전달하고자 하는 타겟(청취자)에 맞추는 방법으로 유통방식이 변형되고 기술에 편승하여 이어 온 매체가 라디오이다.

부의 통제 아래에 둘 수 없는 어떤 미디어도 허용하지 않겠다는 태도로 일관되던 지상파 지역방송의 암울한 시기를 지나고 있었다. 2004년 소출력 지상파 방송으로 시민공동체 라디오가 생긴 이래, 지역마다 분출하고 있던 소출력 지상파 방송의 관심도 식어갈 즈음이었다. 지상파 방송에 대한 시청자 액세스는 약화되고, 지역 공동체미디어의 탄생까지 가로막는 기조가 이어지고 있었다.[2]

한편, 지상파 방송에서는 오디오 콘텐츠를 개인용pc와 스마트폰에서 구동하도록 애플리케이션을 개발하여 정착하기 시작한 지, 10년이 채 되지 않았다. 당시 주류 지상파 방송에서는 콘텐츠를 소비하는 젊은 청취층에게 다가가기 위해 '울며 겨자 먹기'로 인터넷 방송을 시작하고 있었다. 방송에서 오디오 콘텐츠의 또 다른 유통채널로 인터넷이 인식이 되기까지 MBC는 mini, KBS는 kong, SBS가 gorilla라는 애플리케이션이 부가서비스 개념으로 제공되는 수준에 머무렀다. 그 이유는 자명하다. 인터넷을 유통채널로 하는 라디오가 기술적으로 충분히 가능하였다 하더라도, 제도권의 레거시 미디어에서는 선택과 집중에 의해 지역 라디오 콘텐츠 생산은 후순위일 수밖에 없었기 때문이다. 스마트폰이 범용화 되고 있음에도 기술적으로나, 재원 투입 면에서 서비스의 단계가 높아지는 '보이는 라디오'는 더욱 일반화하기 어려운 상황이었다.

지역은 있으나 지역이 담긴 신문의 뉴스와 방송 프로그램을 생산하

2 2004년 방송법을 기반으로 공동체 미디어가 탄생한 이래, 문재인 정부 들어서서 2021에서야 지역 시청자 미디어 주권 차원에서 전국 20개 지역에서 소출력 공동체 미디어가 허가될 수 있었던 상황이 이를 설명한다. 정부는 2004년 시범사업으로 도입되고 17년 만에 방송통신위원회가 공동체 라디오방송사 20곳을 신규 허가했다. http://www.mediatoday.co.kr

지 않는 추세는 방송과 통신이 융합되면서 더욱 강화되었다. 지상파 라디오 프로그램을 생산해 온 지역 방송사는 네트워크 파트너로서 한때는 중앙(서울)에서 제작하는 주요 프로그램의 경우, 제목은 같더라도 지역성이 가미된 자체 생산 프로그램이 존재했다. 그러나 이제 지역 방송국은 서울에서 제작된 프로그램을 중계 수신하는 역할이 두드러질 뿐, 지역방송 제작진이 기획하여 제작하는 프로그램은 최소한으로 유지하고 있는 실정이다.

지역에 대한 문제의식, 관심, 주의의 부진이 지속되어 지역은 있으나 미디어에서 지역은 보이지 않게 된 것이다. 이러한 추세는 미디어 커뮤니케이션 연구에서뿐만 아니라 미디어 문화 연구에서도 지역의 시간과 공간은 이미 끝난 걸로 쉽게 단정하고 '지역은 죽은 것', '비루한 옛것'으로 기술(descriptive)의 가치도 소거시키는 결과로 나타난다. 기실 어느 시대에서나 지역은 중앙과 대척 지점에 존재해왔다. 그 안에 사는 사람들도 그들이 담긴 공간과 추상적인 공동체의 구심점이 어디에 있는가에 따라 다른 대접을 받아 온 것이다.

공적영역에서 지역방송과 시청자액세스 활성화는 쟁점사항이 아니라 국가가 의지를 가지고 밀고 가야할 '책무' 영역이다(최영묵, 2010). 그럼에도 중앙정부에 의한 그 책무가 방기되고 있었던 셈이다. 뿐만 아니라 인터넷 미디어의 약진으로 광고수익이 급락하여 생사의 기로에 서 있는 지역의 방송사가, 그 중에도 수익성이 현저히 떨어지는 지역민을 위한 라디오 채널의 활성화와 지역 공적 미디어가 해야 할 역할을 맡아야한다는 당위는 교과서적인 주문이 되었다. 현재 우리사회는 분배보다 성장을 앞세운 국토 불균형 발전과 중앙집권적 사회체제에서 수도권 바깥의 지역은 하나같이 자족 기능을 상실한 채 먹이사슬의 끄트머리에 놓여 있다. 그럼에도 지상파 지역방송 활성화를 무조건적으로 주장하거나 주창할 수도 없는 현실이다(김재영 외, 2019).

충청을 포함한 대전지역은 다른 지역과 마찬가지로 주변적이고 부차적인 대상을 넘어 지속가능성을 담보할 대안을 찾는 일, 새로운 모색이 필요했다. 디지털 기술과 문화의 파도를 타는 일이 그것이다. 디지털 기술을 기반으로 급변하고 있는 미디어 현상은 다양한 미디어 콘텐츠의 제작으로 이어지며 지역과 사람에 집중하는 계기를 만들 수 있다는 것이 지역의 미디어가 인터넷을 향하게 하는 이유가 되었다. 역설적이게도 대덕밸리라디오의 '보이는 라디오'는 정부의 미디어 정책에서 지역이 배제되던 시기에 태어난 자생적인 시민미디어이자, 지상파 방송에서 소외되는 지역의 삶이 '시민에 의해' 대안적인 방법으로 제안된 경우이다. 인터넷을 향한 마을미디어의 등장 및 시민미디어 활동은 커뮤니티 중심으로 기존의 지역단위의 지상파가 여러 정치 및 법제, 경제적 제약으로 주춤하는 사이 새로운 모델로 모색되고 지역 시민들에 의한 커뮤니티 활동으로 지속되는 모델이 되고 있다.

3. 지역사람이 중심이 되는 마을 미디어

대덕밸리라디오와 같은 지역기반의 인터넷 미디어는 지역이 하나의 콘텐츠라는 측면에서 바라본다. 수많은 스토리가 녹아있는 곳이 바로 지역에 사는 사람과 지역이므로 대전과 대덕연구단지라는 재료를 콘텐츠에 녹여내는 일은 시민 제작자들에게 중요한 가치이다. 대덕밸리라디오는 2024년 1월 현재, 시즌9를 진행하고 있다. 처음에는 매주 수요일 대전시청자미디어센터에서 공개방송으로 진행되었으며, 기존 지역 매체들이 어떻게 내용을 채우고 있는가,에 대한 고민의 과정에서 탄생한다. 즉 지역 사람이 주인공이 되는 미디어의 필요성이다.

대덕밸리라디오 미디어제작팀이 대전의 대덕연구단지에 소재하고 있는 한국연구재단의 사내방송인 NBS(2015년 10월 개국)와 정기적인 콜라보 방송을 했던 NBS오픈스튜디오(대덕밸리라디오 사진제공).

시민제작단에게 대전과 대전사람은 프로그램을 구성하는 좋은 재료이다. 대덕특구하면 과학, 첨단기술, 벤처기업, 국가산업의 동력, 국가의 지속적 부의 창출을 연관 지을 수 있는 곳이다. 산업사회의 태동으로부터 그 시대에 부응해 온 부의 창출은 시민사회의 성숙으로 이어지곤 했다. 시민사회의 성숙은 다양성이 존중되고 아울러 그 개인들이 속한 공동체에 대한 좋은 가치를 스스로 결정하고 지속가능한 삶의 모델을 유지할 수 있도록 한다. 즉 일상을 이루고 있는 지역에 사는 사람들의 삶에 영향을 미친다.

대한민국의 대덕연구단지, 즉 대전광역시에 소재하는 대덕연구개

발특구는 1973년, 새로운 국가의 발전 방향에 맞춰져 특별한 성격을 가지고 출발하였다. 인위적으로 조성된 지역인 것이다. 이러한 토대는 이 지역을 기반으로 하는 콘텐츠가 다른 지역과는 다른 차별화가 가능하다는 것을 의미한다. 지역에 대한 좋은 편향을 가질 수 있다는 것이다. 일반적으로 편향은 좋지 않은 비보편적인 것을 말하나, 지역 주민에게 지역에 대한 편향성은 오히려 정체성을 공유하는 의미로 해석된다. 지역 공동체 주민이 함께 꿈을 꾸고, 공동체가 함께 나누는 가치는 전체의 시각으로는 다양성을 넓힌다. 과거 미디어 콘텐츠의 기획과 제작은 폐쇄된 기회와 교육을 통해 고도의 전문성을 갖춘 인력만이 방송사나 신문사에서 가능했다. 그러나 디지털 기술은 일반 시민에게도 정보생산자의 입문을 부추켰다. 문이 활짝 열린 것이다. 일반 시민이 그 시대에 가능한 기술로 그들만이 특화된 미디어 콘텐츠를 생산할 수 있는 기반이 만들어진 것이다.

2014년 5월, 문을 연 대전시청자미디어센터는 시민에게 필요한 교육을 제공하고 지속할 수 있는 동력이 되었다. 교육을 받은 후, 시민들은 학습공동체에서 미디어 실천 공동체로 만들어지는 기간은 1년이면 충분했다. 시민에게 제공된 라디오와 친해지기 교육 과정을 통해 시민은 미디어 제작자로 콘텐츠 생산자가 되는 과정으로 자연스럽게 이어졌다. 당시 대전을 포함한 충청남도, 충청북도까지 포괄하는 대전시청자미디어센터는 부산과 광주에 이어 후발주자였지만, 교육생들이 들고 있는 휴대폰으로도 얼마든지 미디어 생산자가 될 수 있다는 것을 깨닫게 하고 시민들의 온라인 매체를 가지는 첫 번째 센터가 되었다.

시민제작단이 만드는 대덕밸리라디오의 보들라디오쇼(보이고 들리는 라디오쇼)는 원소스 멀티유즈(one source multi-uses)의 문법에 따라 SNS를 통해 콘텐츠를 공유하고 확산한다. 이미 구축된 인터넷 플랫폼을 활용하는 것이다. 개국을 한 2015년 9월부터 2016년 9월까지 약 1년간 지역 케이블 방송인 CMB에 콘텐츠를 제공하는 협력과 융합이 이루어지기도 하였다. 지금은 유튜브를 통해 누구와도 공유할 수 있도록 하여, 인터넷을 주 유통수단으로 생방송 시간엔 유튜브와 페이스북(facebook) 라이브 기능을 활용하고, 방송 후엔 유튜브(youtuve) 플랫폼에 저장한다. 생방송 후에 내용에 따라 작은 섹션으로 편집하는 일은 젊은 스태프의 등장과 함께 시도되기도 하였다. 대전시청자미디어센터에서 교육을 받은 시민이 모여서 만드는 마을미디어, 즉 동네방송이 세상 어느 곳에서도 닿을 수 있는 구조 위로 올라탄 것이다.

실제로 네트워크로 연결된 사회에서는 기존 미디어 생존방식과는 다른 양상을 가져왔다. 스마트폰을 일상적으로 사용하고 있는 개인들이 Web2.0의 개방성을 적극적으로 활용한다. 윤영민(2011)이 예견한 대로 기존의 경계를 해체시키고 참여하는 개인들에 의해 다양성(diversity)이 높아지며, '연결된 사람들'에 대한 관심을 가지게 되어 공동체성을 복원하는 데 따른 긍정적인 효과를 높인다. 무엇보다 기존 방송에서는 비용이 시스템을 견인하는 데 비해 거의 비용이 들지 않는 구조의 구축이 이를 견인할 수 있게 한다.

지역의 시민미디어가 자본으로부터 자유로울 수 있다는 것은 장점이자 단점이기도 하다. 지속성의 문제와 직결되기 때문이다. 대덕밸리라디오의 시민제작단은 각자 본업이 있고 이에 참여하는 시민은 자신들이 낼 수 있는 시간과 열정의 크기만큼만 제작단으로서 시간을 투자하는 방식이다. 미디어의 지속성을 만들어내는 것은 사람이다. 지역주민들이 만들다 보니 방송이 진행되는 동안 오픈스튜디오는 방송 콘텐츠라는 매개를 통해 사람들이 만나고 헤어진다. 시민 미디어 제작단이 만드는 '보들라디오쇼'는 지역주민과 출연자가 번개(갑자기 약속 없이 만나는 모임)를 한다고 말한다. 마을방송이 지속가능한 시스템으로 구축할 수 있는 방법으로써 시민의 직접 참여가 많아질수록 지지를 받으며 지속하도록 하는 방식이다. 지역이 존재하는 한 지역 사람들은 오래도록 남아 그 가치를 인정하고 가꾸어 갈 수 있도록 한다.

시민 미디어 제작단의 활동인원은 들쭉날쭉 하지만, 구성원의 다양성은 언제나 보장된다. 초·중학생에서부터 직장인, 대학생과 주부, 대전시청자미디어센터에서 교육을 받은 시니어제작단까지, 대전과 유성 및 대덕연구단지 인근에 사는 지역사람들이 참여한다. 내용을 들여다보면, 전문가와 비전문가가 함께 어울리는 양태이다. 이들은 대전의 마을미디어, 자신들의 동네방송이라고 여긴다. 자신들이 살고 있는 대덕연구단지와 대전에서의 일상을 기록하고 공유하면서 커뮤니티를 활성화하고자 하는 의욕이 높다. 따라서 지역적으로는 대전과 대덕연구단지 동네의 일상과 사람들의 이야기가 주요 콘텐츠의 소재가 되고 방송 프로그램의 주요 무대가 된다. 레거시 미디어로서 방송이 자본에 의해 유지 존속하는 것과는 다른 방향으로 '지속가능성'을 실험하는 무대인 셈이다. 즉 대덕밸리라디오는 대덕연구단지를 품고 있는 대전이라는 과학도시에 사람 사는 이야기를 담을 수 있는 지역 기반이 자산이다.

지역 특성 상, 지역의 많은 소재들 역시 사람을 매개로 만들어지고 유통된다. 대전은 세계적인 화가의 미술관으로 이응노미술관이 있으며, 시립미술관과 대전예술의 전당은 시민의 문화 인프라를 이루고 있다. 대전의 3대 하천 중의 하나인 갑천을 사이에 두고 1993년, 전 국민의 발걸음을 모았던 EXPO 사이트와 대전MBC, TJB대전방송, KBS 대전 등 방송사와 국가 및 기업연구소, 벤처기업들, 대전시와 각 학교 기관 등이 포진해 있다. 대전지역에서 가장 활발하게 시민의 접촉점이 늘어나고 섞이는 분야는 이러한 문화 인프라를 융합하는 과정에서 시너지를 높이고 있다. 이응노미술관과 대전시립미술관은 이미 카이스트 연구진과 학생들이 기술과 문화의 융합이라는 측면에서 여러 실험들이 행해지고, 성공적으로 시민에게 제공된다. 이는 문화기술 분야의 대표적인 사례로 인근대학과 연구소 그리고 벤처기업들이 지역사람을 통해 연계되고 완성되고 있다.

첫 1년 동안 출연자만 150여명에 달해 1주년 개국 기념으로 출연자와 시민제작단이 대전시청자미디어센터의 공개홀에서 모여 축하방송을 했다. 이러한 네트워킹 방송과 행사는 2-3년을 주기로 지속되고 있다(대덕밸리라디오 사진제공).

4. 인터넷 방송으로 만나는 이웃

방송과 통신이 융합되고 있지만, 기술자체는 방향성이 없다. 이웃의 이야기를 누구에게 전달할 것인가를 목표에 두고 가장 손쉽고 가장 편리한 방법을 향하다 보니 스마트폰으로 콘텐츠가 흐르는 것일 뿐이다. 그리고 그 최종목적지는 우리의 '이웃'이다. 이웃이 만드는 공동체의 삶은 오래되고 변하지 않는 가치인 지역사람과 그들의 '안녕'이다. 마을 미디어로서 보이는 라디오 대덕밸리라디오는 가장 오래된 것이 가장 새로울 수 있다는 것을 증명하고 실현하고자 했다.

대덕밸리라디오는 2014년에 출발한 과학자들의 지역사회 재능기부 봉사활동인 '따뜻한 과학마을, 벽돌한장'과 연합활동을 의미 있게 생각한다. '벽돌한장'은 대덕밸리라디오와 출범시기가 비슷하다. 지역 정체성과도 일치하는 순수 시민활동이 10여 년간 여러 행사를 함께 하면서 시너지를 높이고 있다. 대덕연구단지가 조성되면서 대전에 이주해 온 과학자들과 벤처회사, 대학교수 및 관련 인력들이 자신들이 할 수 있는 일과 방법으로 지역 주민에게 재능기부를 하며, 지역미디어인 대덕밸리라디오와 함께 시민을 모으고 연계하는 활동을 한다. 그들은 대한민국에서 가장 많은, 그리고 가장 다양한 분야의 과학연구를 대중에게 설명할 수 있는 인구를 가진 도시가 대전이라고 말한다.

따라서 과학의 대중화를 위한 활동의 하나인 과학자와 시민이 만나는 장을 소중하게 여긴다. 이들의 재능기부 강연은 정기적으로 마련되며, 지역의 마을방송인 대덕밸리라디오는 지역 시민과 과학자를 연결하는 메신저 역할을 맡는다. 나아가 함께 기획하고 함께 모인다. 중요한 점은 섞이는 데에 있다고 말한다. 이러한 활동은 미디어가 일방적으로 전하기만 하는 방식이 아니다. 탑다운(top-down)이 아닌 네트워크(network) 방식인 셈이다. 규모의 경제에 맞추어 미디어 환경이 재편되고 있고 광고시장과 긴밀하게 연결된다. 레거시 미디어로는 이룰 수 없는 연결방식이다. 이는 지역 미디어인 대덕밸리라디오가 미디어의 생태계를 이루는 큰 축인 광고시장과 직접 닿아있지 않다는 것에서 출발한다.

그러나 이러한 것이 처음부터 가능한 것은 아니다. 더더욱 대전이라는 도시는 큰 기업을 중심으로 그에 파생되는 작은 기업이 먹이사슬을 이루는 생태계를 이루고 있지 않다. 그러다 보니 주민들도 끼리끼리 만나고 헤어지는 특성이 있다. 도시로 묶여는 있지만, 삶을 나눌 기반이 흩어져 있다고 할 수 있다. 이러한 특성을 일시에 바꿀 수 없다는 것에서 새로운 대안을 찾는 계기가 되었다. 즉 인터넷 미디어의 공유시스템을 방송콘텐츠 생산과 유통방식으로 채택하여 가상의 연결성을 먼저 높인 후, 오프라인으로 연결하는 방법이다. 지역 공동체를 위해서는 인터넷 방송도 이 시대에 맞는 미디어가 될 수 있다는 발상의 전환이 이를 가능하게 했다. 어느 하나만을 주장하는 것이 아닌, 새로운 것과 오래된 것이 공존하는 방식이다.

인터넷은 그 초연결성이 만들어내는 가치로 미디어 영역 뿐 아니라 사회문화, 경제적 의미가 조명되어 왔다. 바로 집단지성이다. 그럼에도 인터넷을 통한 개인들의 활동에 지역적 연결성을 만들어내는 의미

역시 작지 않다.[3] 초연결성의 근간인 고도화된 네트워크와 지역성은 유동하는 과정에 역동적으로 생성되기 때문이다. 인터넷을 통한 지역 커뮤니티는 이웃 간 연결과 만남에도 작동하여, 지역과 이웃, 동네에 특화된 커뮤니티를 형성하도록 돕는다. 이를 통해 얻을 수 있는 장점은 정서적 유대 형성이다, 인터넷으로 인해 물리적 거리가 무의미해지는 시대임에도 오히려 심리적 거리를 좁히는 지역공동체 형성을 돕는다(김재영, 2021).

대덕밸리라디오는 대전 소재 다양한 형태의 마을미디어와 협업을 하는 등 커뮤니티 미디어의 중심이 되었다. 2022년 7월, 대덕밸리라디오 8주년 기념 미디어 네트워킹 데이 포스터와 현장모습(대덕밸리라디오 사진제공).

미디어로는 새로운 방식으로 인터넷에서 만나고, 지역사람들과는 정기, 혹은 부정기적인 오프라인 모임을 통해 만나는 방법으로 마을 단위에서 만나도록 하고 있다.[4] 사람 역시 방송에 대한 이해가 높은 사

3 초연결성과 지역성 간의 접점을 찾는 연구로는 중고거래 서비스임에도 지역생활 커뮤니티의 성격이 강한 '당근마켓'의 사례분석이 있다(김재영, 2021).

4 정부출연연구소인 한국전자통신연구원이 소통전략부서를 두고 진행하는 '세통사', 대덕연구단지가 있는

람들과 방송의 문외한인 시민이 어울려 지역의 가치를 실현하는 데 집중한다. 그 배경에는 엄밀히 말하면 첨단 미디어 기술 환경의 변화와 같이 한다. 이미 만들어져 있고 지속적으로 채택할 수 있는 기술이 이러한 마을미디어를 가능하게 한다.

시민제작단은 전문성보다는 시민참여에 무게중심이 있다. 웹의 단순성과 편리성이 일반 시민의 접근가능성을 높일 수 있다고 판단한다. 지역민이 방송에 대해 거는 기대는 그대로 유지하면서 지속성을 담보하는 방법으로 개인들이 생산하는 블로그, SNS로 상호 보완한다. 이러한 개방성은 낮은 문턱을 만들어 미디어 참여에 관심이 있는 시민에게 접근성을 높였다. 이미 '보이는 라디오'에 대한 인식이 형성된 것도 도움이 되었다. 보이는 라디오, 즉 보들라디오(보이고들리는라디오) 콘텐츠로 제작되었기 때문에 케이블 방송인 CMB에 지역 콘텐츠로도 제공할 수 있는 길도 열었다. TV이지만, 라디오의 컨셉을 살린 독특함과 지역적 소재가 장점으로 작용한 사례이다. 이러한 채널의 다양화는 대전 지역은 물론, 충청지역 케이블 방송권역에까지 송출되어 지역과 지역 콘텐츠의 내용을 확산하기도 한다. 다양성(diversity)은 지역사회의 지속가능성을 담보하고자 하는 현재의 관심이자 미래를 담보하기 위한 노력의 산물이다. 지역 사회 안에서 만들어지고 있는 이 작은 미디어에서도 다양성은 중요한 동력이 된다.

신성동 일대의 주민들과 대덕연구단지의 과학자들이 동네 주민으로 만나는 마을대학, 과학자와 문화예술분야의 전문가들이 모여 보다 전문성을 가진 AI프랜즈 등 다양한 그룹이 서로 공존하고 있다. 대덕밸리라디오는 지역 마을미디어로서 각 그룹의 활동가들을 매개하며 각각의 활동현장을 무대로 이용한다.

5. 맺는 말: 삶의 경험이 담기는 그릇, 마을미디어

지역이 더 이상 매력적인 대상이 아닌 지 오래 되었다. 일반적으로 중앙과 대비되는 개념으로 말이다. 오히려 지역의 고유성이 지역을 지역이게 한다. 지역을 담고 나르는 그릇으로서 미디어는 지역 자체이기도 하다. 서울도 지역이고, 대전 · 충청도 지역이다. 커뮤니케이션 관점에서 지역 정체성을 찾는 일은 사회과학의 한 분야로 뿐만 아니라 미디어 생산 영역에서 지역 방송과 신문이 지역의 아젠다(agenda)를 통해 공동체의 통합 · 확산이라는 차원에서 관심의 대상이지 않을 수 없다. 특히 시민 공동체 미디어에서 지역미디어 참여자들의 정체성은 중요한 자원이다.

대전은 대전역이 1905년 서울역과 부산역 사이를 잇는 주요 역으로 정식 개통이 되면서 생긴 도시이다. 내륙철도 중심 도시로 발전하면서 생겼으니 당시로서는 신도시였던 셈이다. 그러므로 한 번도 향토였던 적이 없고 시골이었던 적이 없다(KBS, 2023.11.). 처음부터 도시로 시작해서 도시로 성장한 곳이다. 국토의 중심에 있기 때문에 대한민국 사람이라면 누구나 거쳐 갈 수밖에 없는 특징이 있다. 부선과 호남선 철길이 놓이면서 도시의 특징이 가속화하였고 대전역은 모든 도시를 잇는 플랫폼이자 대전시민의 입장에서는 도시로 들어오는 관문이 되었다. 국가경제개발 과정에는 철도와 마찬가지로 경부와 호남을 잇는 고속도로가 지나가게 되었고, 신행정수도와 같은 정부 부처가 이전을 한다거나 대전연구단지가 만들어지는 등 철길과 도로, 교통의 중심지라는 이름으로 도시가 성장하였다.

도시로 성장하는 과정에서는 필연적으로 새로운 사람이 들어오게 되어 있다. 일반적으로 오랜 향토적 전통이 추구하는 색깔로부터 자유롭다. 그러므로 지역사회 역시 느슨한 관계를 허용하는 특성을 가지며 이는 지역 공동체 미디어에서도 나타나고 있다. 자생적으로 지역미디어가 만들어지는 환경에서는 그곳에 살아가는 사람의 정체성이 반영된다. 과학도시 대전은 이주민으로 정착하는 레이어가 생기며 혼종하는 가운데 이주민으로 형성되어 온 지역 정체성을 내면화하는 모습을 나타내고 있다. 서로 '다름'을 이종 간의 격차와 격리로 여기지 않는다. 이러한 혼종(hybrid)은 대덕밸리라디오가 지역 사람을 조합하면서 그들 삶의 단면을 드러내는 것으로 보여준다.

인터넷이 만든 가상과 현실의 시끄러운 공존 속에서도 혼돈의 블랙홀로 빨려 들어가기보다는 지역을 중심(core)으로 이끌어 내는 마을미디어는 중요한 의미를 가진다. 살아있는 경험(lived experience)을 보다 풍부하게 담아내는 미디어로 지역(local)이 안으로는 더욱 단단해지고 밖으로는 유연해지는 경험을 하게 하기 때문이다. 대안 미디어로서 대덕밸리라디오는 대전이라는 도시와 시민이 만들어내는 공동체의, 공동체에 의한, 공동체를 위한 실체적 활동이다.

참고문헌

김재영(2021). 초연결성은 어떻게 지역성과 만나나:당근마켓사례를 중심으로, 〈한국언론정보학보〉, 통권180호, 7-29.

서울시 마을미디어지원센터 (2013). 서울 마을미디어 여행. 미디액트:서울.
안진 · 채영길 (2015). 공동체미디어 실천과 다문화 정체성의 재구성, 〈한국방송학보〉, 29권 6호, 94-136.
윤영민(2011). Dialogue: 소셜미디어와 집단지성, 서울:한양대학교 출판부.
이근용 · 김용수(2012), 지역방송 콘텐츠 기획, 커뮤니케이션북스:서울
채영길 외(2016), 서울시 마을공동체미디어와 공동체 공론장의 분화와 재구성, 〈커뮤니케이션 이론〉, 12권 2호.
최은경 · 설진아(2021). 로컬 크리에이터들과 지역방송의 하이퍼로컬(Hyperlocal) 협력 방안을 위한 탐색 연구, 〈방송문화연구〈, 33권 2호, 125-160.
Downing, J. D. (2000). *Radical media: Rebellious communication and social movements*. Sage.
Foxwell, K., Forde, S., Meadows, M., & Ewart, J. (2005). Media matters: Ways to link community radio and community newspapers.
Australian Journalism Review, 27(2), 87.
Williams, R.(2013). *The country and the city*. 이현석 (역)(2013). 〈시골과 도시〉. 서울: 나남.
KBS(2023. 11,7). 도시의 기록.
https://youtu.be/gkkRJrmR3As?si=dedtCczzVUScW7Vl